5퍼센트 법칙

5퍼센트 법칙

강승문이 묻고
조태룡이 답하다

페이퍼로드
paperroad

추천사

최문순

- 강원도지사, 강원FC 구단주

강원도의 도정을 책임지는 도지사가 된 이후 맞닥뜨렸던 최대의 골 칫거리 중 하나가 바로 강원FC였습니다. 강원FC는 '강원도민의 위 대한 연합'을 기치로 하여 창단했지만, 몇 년 전 2부 리그로 추락해 암울한 시기를 맞은 것은 물론 온갖 말썽으로 얼룩지게 되었습니다. 그런 상황을 타개할 수 있는 유능한 경영자가 절실히 필요했고, 그 적임자로 제가 선택한 사람은 넥센 히어로즈 프로야구단의 조태룡 단장이었습니다.

그를 강원FC 대표로 영입하면서 저는 "지금 강원FC는 말기암 환자 나 다름없다. 1부 승격이고 뭐고 다 필요 없으니 제발 경영 정상화 만 시켜 달라"고 주문했을 정도로 강원FC의 경영 상태는 심각했습 니다. 그런데 조태룡 대표는 여러 해가 걸릴 것으로 예상되었던 경 영 정상화 작업을 단 몇 달 만에 마무리했고, 그에 그치지 않고 부임 첫해에 1부 리그 승격이라는 대업을 이루어냈습니다. 그 직후에는 아무도 떠올리지 못했던 원대한 꿈을 꾸고 그것을 실행하는 작업에 착수해 사람들을 놀라게 했습니다. 그 과정에서 그는 쉼 없이 발로 뛰면서 강원도 내의 수많은 이해당사자들을 만나 진심으로 설득하는 모습을 보여주었고, 그의 비전과 노력을 지켜본 저는 할 수 있는 최선의 지원을 할 수밖에 없었습니다.

조태룡 대표를 강원FC에 영입한 것은 제가 도정을 운영하면서 잘한 일 중 하나였다고 생각합니다. 열정적이고 유능한 리더가 조직을 어떻게 바꿀 수 있는지 그는 너무나도 잘 보여주고 있습니다. 앞으로 강원FC가 문화와 스포츠의 가치를 대한민국 사회에 잘 알리고 프로스포츠 발전에 촉매제 역할을 하기를 진심으로 희망합니다.

이 책은 조태룡이라는 경영자가 지금까지 살아온 이야기, 강원FC 대표로 부임해 하고 있는 일들, 그리고 스포츠가 우리 사회에 어떤 의미를 가지는지를 쉽고 재미있게 풀어내고 있습니다. 그러면서도 경영과 인생 전반에 대한 묵직한 화두를 많이 던지고 있습니다. 도정 책임자로서 면구스러운 부분도 없지 않지만, 이 시대를 살아가는 사람들, 특히 경영자로서 정체성을 가진 분들에게 일독을 꼭 권하고 싶은 책입니다.

목차

Chapter 1

스타크래프트 밴을 타고 다니는 보험왕

Chapter 2

프로야구단 단장으로 변신

Chapter 8

인생 경영을 위한 '5퍼센트 법칙'

안녕하십니까. 강원FC 대표이사 조태룡입니다.

보험업계에 종사하던 2004년에 책을 낸 이후 14년 만에 다시 책을 펴내게 되었습니다. 여러분들이 아시다시피 저는 서울히어로즈 프로야구단(속칭 '넥센 히어로즈')의 단장을 거쳐 강원FC의 대표로 부임한 이후 많은 관심을 받게 되었습니다. 그런데 축구와 야구를 막론하고 각 스포츠 종목의 경기 측면에 대해서는 많은 기사가 쏟아지고 있지만, 정작 스포츠 경영 일선에서 벌어지고 있는 일들은 잘 알려지지 않고 있었던 것이 사실입니다. 스포츠 마케팅과 스포츠 경영에 관심이 있는 사람들은 많지만 그들의 궁금증을 해소해 줄 수 있는 것들은 너무나도 적었던 것이지요. 저 역시 많은 언론 인터뷰를 해왔으나, 기자들과의 인터뷰는 여건상 호흡이 짧기 때문에 저의 생각을 깊이 표현하기에는 한계가 있었습니다. 그래서 이 책을 통해 스포츠 경영이라는 분야에서 벌어지고 있는 일들을 진솔하고 상세하게 알리고 싶었습니다.

이 책에서 이야기하고 싶은 것은 그것만이 아닙니다. 제가 탄탄대로를 걸어온 것으로 알고 계신 분들도 많겠지만, 사실은 많은 시련과 좌절을 겪어왔습니다. 나이 마흔을 앞두고서는 갑작스럽게 생사의 갈림길에 서게 되었고, 그 과정에서 많은 것을 느끼고 배우게 되었지요.

백 년 남짓 사는 우리의 인생은 기나긴 인류의 역사에서 찰나에 불과합니다. 저는 죽음의 고비를 넘기면서 그런 짧은 인생에서 우리가 왜 사는지, 그리고 어떻게 살아야 하는지에 대해 많은 고민을 하게 되었습니다. 그전까지만 해도 저 역시 인생을 사는 태도에 대한 문제의식을 가지지 못한 채 살았던 것이 사실입니다. 저뿐만 아니라 대다수의 한국인들은 입시 위주의 교육을 받으면서 인생을 어떻게 살아야 하는가에 대한 가치를 제대로 배우지 못했던 것 같습니다. 당시에는 감당하기 어려운 시련이었지만, 그런 것들이 있었기 때문에 인생의 진정한 가치에 대해 되돌아볼 수 있게 되었다는 점에서 지금은 너무나도 감사하게 생각하고 있습니다.

제2의 인생을 살게 된 후 스포츠업계에 뛰어들게 된 것은 너무나도 우연한 일이었지만, 되돌아보면 '우연을 가장한 필연'이 아니었나 하는 생각이 듭니다. 이후 저의 인생에 스포츠가 미친 영향은 실로 막대했고, 무미건조한 삶을 벗어나 윤택한 삶을 살 수 있게 한 촉매제 역할을 했습니다. 그리고 스포츠는 훗날 제가 세상을 떠날 때 사랑하는 가족들과 함께 한 소중한 추억으로 남을 것이라 믿어 의심치 않습니다. 저는 이 책을 통해 스포츠란 대체 무엇이며 사람들의 인생에 어떠한 가치를 가질 수 있는지를 알리고자 합니다.

2016년 말 강원FC가 1부 리그로 승격한 직후 저는 아시아 챔피언스 리그Asia Champions' League, 약칭 ACL 진출을 목표로 내걸었습니다. 2017년 시즌을 마친 결과 그 목표를 이루지는 못했지만, 그 과정에서 저와 강원FC의 구성원들은 모두 최선을 다했습니다. 본문에 여러 차례 강조하지만 저는 결과보다는 과정을 중시하면서 살아왔고, 그렇기 때문에 아시아 챔피언스 리그 진출을 달성하지 못했다는 것에 저는 결코 실망하지 않습니다. 목표를 향해 나아가는 과정에서 배운 많은 것들이 더 나은 미래를 만들기 위한 밑거름이 될 것이라 확신하기 때문입니다.

이 책은 오랜 기간에 걸쳐 강승문 작가와 나눈 대화의 핵심을 정리한 결과물입니다. 여러 사람들로부터 함께 책을 내자는 제안을 받았지만, 그중에서도 강승문 작가를 파트너로 택하게 된 것에는 몇 가지 이유가 있습니다. 강 작가는 저보다도 10년 이상 앞서서 프로야구계KBO에 뛰어들었던 전력이 있고, 그렇기 때문에 스포츠 경영과 관련한 저의 생각을 누구보다도 잘 이해하고 글로 옮길 수 있다고 생각했습니다. 또한 이전 작품을 통해 글솜씨와 기획력에 대해서 충분히 검증이 된 사람이기도 합니다. 강 작가와 함께 대화하고 토론하면서 생각을 펼치고 공유하는 시간은 저에게 정말로 즐거운 과정이었습니다. 책의 전체 틀을 기획하고 세부적인 작업을 하면서 많은 고생을 한 강 작가의 노고에 대해 지면을 빌어 고마움을 전하고자 합니다.

독자 여러분들께서 식사 한 끼와 커피 한 잔 값을 투자해 구매하신 이 책으로 그 몇십 배, 몇백 배의 가치를 얻었다는 말씀을 하실 수 있다면 저에게는 너무나도 큰 행복으로 다가올 것입니다.

2018년 1월
조태룡 드림

5퍼센트 법칙

Chapter 1

스타크래프트 밴을 타고 다니는 보험왕

입사하고 나서 제일 먼저 한 일이 남대문시장에 나가서 침낭부터 산 거였어요. 고객들에게 자세한 자료를 제시하려면 가방 하나로는 모자랐기 때문에 가방 두 개를 사서 양손에 하나씩 들고 다녔고요. 면도하는 시간이 아까워서 제모 시술을 받았죠. 계산을 해보니까 면도하는 시간이 모이면 만만치가 않더라고요. 제모 시술을 한 번 받으면 인생에서 약 한 달의 시간을 벌 수 있는 셈이 됩니다.

평범한 듯 평범하지 않았던 학창시절

강승문(이하 '강') 조 대표님 안녕하십니까.

조태룡(이하 '조') 안녕하세요.

강 만날 때마다 느끼는 것이지만 실제 나이에 비해 한참 젊어 보이십니다. 저보다 6살 위이고 현재 한국 나이로 53세인데, 저와 함께 밖에 나가면 친구지간으로 볼 사람들이 많을 것 같습니다. 그럴 수 있는 특별한 비결이 있을까요?

조 하하하, 접대성 멘트로 들리지만 기분이 나쁘지는 않네요. 특별한 비결이라고 할 것은 없지만, 군이 이야기하자면 새로운 문제에 대한 생각을 항상 20대처럼 젊게 유지하려고 노력하기 때문이 아닐까 싶습니다.

강　본론으로 들어가기에 앞서 조 대표님의 어린 시절 이야기가 듣고 싶습니다.

조　굳이 표현하자면 모범생이었습니다. 공부는 물론 강 작가가 더 잘했겠지만 저도 나름 잘했고요. 그리고 책임감에 대한 강박관념이 강한 편이었죠.

강　어떤 측면에서 그랬습니까?

조　선생님이 숙제를 내시면 반드시 해갔는데, 초등학교 1학년 때 숙제를 하고서는 집에 놓고 간 일이 있었어요. 그래서 선생님한테 엉덩이를 몇 대 맞았죠. 그게 어린 나이에는 엄청난 충격으로 다가왔어요. 맞는 것은 남의 일인 줄 알았는데, 나도 맞을 수도 있다는 것을 그때 처음 깨달았습니다.

강　하하하, 처음 맞을 때는 충격일 수 있지만 자꾸 맞으면 맷집이 생기게 됩니다. 그 외에 학창시절에는 어떤 모습이 더 있었습니까?

조　중학교 때는 글쓰기에 미쳐서 몰두하다 보니 소위 왕따를 당하는 일도 있었고요, 음악을 참 좋아해서 항상 워크맨 이어폰을 귀에 끼고 공부했죠. 당시에 좋아하던 뮤지션들을 꼽으면 비틀즈Beatles, 비지스Bee Gees, 키스Kiss, 이글스Eagles 등이 있었는데, 요즘은 주로 EDMelectric dance music을 듣습니다. 그런데 일탈행위도 안 한 것은 아니었어요.

강 술이나 담배였나요?

조 그건 아니고요, 우리 반 평균을 올리겠다는 일념에 컨닝 페이퍼를 돌리다 시험감독 선생님한테 제대로 걸렸죠. 학생부에 끌려가서 엄청 깨지고 부모님이 학교에 불려오고 그랬어요.

강 저도 해본 짓입니다. 교무실에 끌려가서 맞았습니까?

조 나름 모범생이라고 때리시진 않았는데, 다른 애들한테는 엄청 맞았다고 이야기하라고 하시더군요.

강 하하하, 대충 무슨 상황인지 알겠습니다. 학창 시절에 스포츠에 대한 관심은 많으셨습니까?

조 축구를 특히 좋아했죠. 어렸을 때 살던 곳이 서울 미아동 근처였는데, 혼자서 종로5가에 있는 효제초등학교에 매주 가서 축구를 했어요. 집에서 종로5가를 가려면 버스를 타고 거의 한 시간을 가야 했는데, 어린애가 축구화를 둘러메고 그 먼 거리를 다녔죠. 지금도 나름 키가 큰 편이고 어렸을 때도 또래들보다 커서 장신 수비수로 활약했어요. 상대팀의 키 작고 기술 좋은 공격수들을 막는 것에 특히 소질이 있어서 코치님께 칭찬도 자주 들었어요.

강 오랜 세월을 돌고 돌아 축구계로 진입하셨네요.

조　강 작가는 어땠어요? 스포츠를 좋아했으니까 서울대 경영학과를 졸업하고 한국야구위원회KBO에 입사했을 것 아닙니까?

강　저는 초등학교 들어갈 무렵부터 엄청난 스포츠 마니아였죠. 야구와 축구를 특히 좋아했지만, 종목을 가리지 않고 거의 모든 스포츠를 다 봤습니다. 초등학교 5학년이었던 1982년에 프로야구가 출범하면서부터는 몰입 증세가 더 심각해졌습니다.

조　더 심각해진 이유가 뭐였죠?

강　저희 큰외삼촌이 1982년부터 MBC 청룡(LG 트윈스의 전신) 야구단 프런트에서 일하게 됐어요. 외삼촌은 배재고, 연세대에서 야구 선수 생활을 했었고, 고교와 대학에서 함께 야구하던 동기들이 이광은, 신언호, 하기룡 같은 선수들이거든요. 외삼촌이 야구단에 근무하니까 자연스럽게 야구장 출입이 잦아졌습니다. 프로야구가 출범한 계기가 전두환 정권이 사람들의 관심을 정치에서 떼어놓기 위한 목적이었고, 아버지는 스포츠가 우민화愚民化 정책의 일환이라고 생각해서 제가 스포츠에 깊이 빠지는 것을 못마땅해 하셨어요.

조　하하하, 당시에 아버님이 그렇게 생각하셨던 것도 무리는 아니죠.

강　지금은 스포츠계에서 일을 하고 계시지만 대학 전공은 스포츠와 전혀 무관해 보입니다. 연세대 금속공학과를 졸업하셨는데, 전공

선택에 특별한 이유는 있었습니까?

조 사실 진짜 가고 싶은 과는 따로 있었어요. 당시 연세대 가정대에 의생활학과, 식생활학과, 주생활학과, 아동학과가 있었는데, 저는 주생활학과를 가고 싶었죠. 그전까지만 해도 가정대에는 여학생만 입학이 가능했는데, 제가 입학하던 바로 전해에 남학생 입학이 허용됐거든요.

강 저도 듣고 깜짝 놀랐는데, 부모님의 반대가 만만치 않았을 것 같은데요?

조 아버지 반대가 심각했죠. 그래서 할 수 없이 1지망으로 금속공학과를 쓰고 2지망으로 주생활학과를 쓰게 됐어요. 내심 2지망이 되기를 원했는데 그게 뜻대로 안 되더라고요. 만약 그때 제가 주생활학과를 갔으면 인류의 주거생활에 이바지하는 인테리어 사업가가 됐을지도 모릅니다.

강 원치 않는 과에 입학을 하셨는데, 대학 생활에 적응은 잘 하셨습니까?

조 솔직히 금속공학에 별 흥미를 느끼지 못했고, 어떻게 하면 내가 원하던 전공을 할 수 있을까 고민하다가 학과 적응에 실패했어요. 1학년 1학기 학점이 평점 0.5였고요, 두 학기 연속 학사경고를 받으면 퇴학처분을 당할 상황이라 1학년 2학기에는 조금 신경써서 2.0

안팎을 받았죠. 2학년 1학기에는 다시 1.02를 받아서 두 번째 학사경고를 받았습니다. 당시는 군사정권 퇴진을 요구하는 학생운동이 절정이었던 시기여서 공부에 매진할 분위기도 아니었고, 저 역시도 데모에 가담을 했죠.

강 그 시절의 분위기는 저도 잘 압니다. 재학 중에 군대에 다녀오신 것으로 아는데, 그와 관련해 특별한 사연이 있었습니까?

조 제가 재수를 해서 입학했는데, 2학년 1학기 마치고 다시 입시를 보려고 3수를 시작했어요. 그런데 시험 보기 직전인 1986년 12월에 입대영장을 받아서 징집을 당했죠. 최전방 부대에 소총수로 배치되었는데, 지금 생각해도 군대생활이 너무 힘들었습니다.

강 그 시기에 고학력자들은 후방 행정병으로 배치되는 것이 보통이었는데 의외였네요.

조 그러게 말입니다. 훈련소에서 나와 자대로 가려면 기차와 버스를 타고 이동하는데, 후방 부대에 배치되는 사람들이 먼저 내리게 되거든요. 다른 신병들이 다 내리고 마지막에 저를 포함해 7명이 남았어요. 배치받은 곳이 철원군에 있는 백골부대였는데, 부대 입구에 그려진 해골바가지부터 살벌한 분위기를 연출하더군요.

강 지금까지만 들어도 이후의 고생길이 훤히 짐작됩니다.

조　당시 중대 병력 100여 명 중에 대학 재학 또는 졸업자가 5명 정도에 불과했고, 진짜 별의별 사람들이 다 모여 있었어요. 심지어 인신매매단에 있다가 온 사람도 있었죠. 당시 군대에서는 데모하고 있는 학생들을 모두 쏴 죽이고 싶다는 분위기였고, 저는 대학 다니다 왔다는 이유로 수시로 구타당했죠. 제가 다니던 연세대에서 데모가 특히 심했기 때문에 다른 사병들보다 유독 많이 맞았어요.

강　당시 시국이 어지러웠기 때문에 군대 내의 분위기가 엄청 험악했던 모양입니다.

조　매일 전쟁 같은 느낌이었어요. 어지러운 시국을 틈타 북한이 쳐내려올 수 있다며 군은 전시 비상사태를 계속 유지했고, 사병들은 군화를 신은 상태로 취침해야 했죠. 시도 때도 없이 작업과 훈련에 시달려서 남들보다 체격과 체력이 좋은 편인데도 너무 힘들더라고요. 마치 아오지 수용소 같은 분위기였는데, 그때 저는 군대가 원래 그런 줄 알았어요. 그리고 군대 내에서 언론 통제가 워낙 심해서 군대 밖의 상황을 알 수 없었습니다.

강　1987년 6월 항쟁의 상황도 전혀 몰랐겠네요?

조　6월 항쟁은 물론이고 박종철, 이한열 사건도 까맣게 모르고 있었죠. 마치 술을 마시고 필름이 끊긴 것처럼 1987년은 제 기억의 공백 상태로 남아있습니다. 그 격동기의 상황을 군대에 있던 사람의 관점에서 묘사한 글은 거의 없는 것 같아서 이야기를 해 봤어요. 사연이 더 많지만 군대 이야기를 너무 많이 하면 싫어하실 독자들이 계실 것 같아 여기서 마무리를 할게요.

강 남자들이 꾸는 가장 심한 악몽이 '군대 다시 가는 꿈'이라는 말에 정말 공감하시겠습니다. 복학하신 이후에는 어떤 변화가 있었습니까?

조 군대 가기 전과는 판이하게 달라졌습니다. 강의실 맨 앞자리에 앉아서 공부에 매진했죠. 사물의 재료에 관한 본질을 파고들고 싶어서 재료공학을 열심히, 그리고 재밌게 공부하면서 전공에 흥미를 느끼게 됐어요. 마지막 몇 학기 동안은 학비 조달을 위해 매주 32시간 동안 과외 아르바이트를 하면서도 계속 장학금을 받았고, 군 입대 전에 학점이 그렇게 엉망진창이었음에도 불구하고 8학기 만에 졸업을 하는 데 성공했습니다. 지금 생각해도 정말 열정적으로 공부했던 것 같아요.

'독일'이라는 이름의 신세계

강 이제 다음 이야기로 넘어가 보겠습니다. 대학 졸업 후 전공을 살려서 철강회사를 첫 직장으로 하셨던 것으로 알고 있습니다.

조　맞아요. 금속공학과를 나오면 철강업계에 취직하는 것이 보통이었죠. 원서만 쓰면 포항제철(현 POSCO)에도 입사할 수 있었고, 사실 현대자동차에도 합격을 했어요. 그런데 제 고향이 서울이고 부모님도 서울토박이라 서울을 떠나서 포항, 광양, 울산으로 내려가기가 너무 싫었어요. 그래서 당시 서울 오류동에 있는 동부제강(현 동부제철)을 선택해서 1992년에 입사를 했습니다.

강　하하하, 서울을 떠나기 싫은 이유 때문에 서울에 있는 철강업체를 찾다가 동부제강에 입사하게 된 것이네요. 그럼 동부제강에서는 어떤 일을 하셨습니까?

조　처음 1년 동안에는 생산현장에서 있었어요. 안전모 쓰고 워커 신고 현장에서 굴렀죠. 그 이후에는 5년 동안 철강 무역 업무를 했어요. 무역 업무를 하면서 신용거래와 무역 금융을 경험했고, 그 과정에서 글로벌 마인드global mind를 갖출 수 있었던 것 같습니다. 그런데 동부제강에서 겪은 일 중에 진짜 인생의 전환점이 되었던 것은 신입사원 시절에 해외연수를 갔던 것이에요.

강　어디로 연수를 갔는데 인생의 전환점 역할을 했습니까?

조　군대 다녀와서 1989년 4월에 복학을 했는데, 그해에 해외여행 자유화가 되더라고요. 강 작가도 잘 알겠지만 그전까지는 해외여행을 마음대로 나갈 수가 없었잖아요. 그런데 막상 해외여행이 자유화됐지만 학점 따고 졸업하기 위해 공부하느라 바빠서 해외여행을 갈

엄두를 낼 수가 없었습니다. 1992년에 동부제강에 입사를 하니까 신입사원들을 대상으로 하는 해외연수 프로그램이 있었고, 선진국을 경험하고 싶어서 독일을 신청했죠.

강 인생의 전환점이라는 표현까지 쓰신 것으로 보아 아주 강렬한 인상을 받았나 봅니다.

조 완전히 신세계였어요. 프랑크푸르트공항에 내려서 기계공업으로 유명한 슈트트가르트로 이동하면서 독일의 고속철도ICE를 타게 됐죠. 그때가 우리나라의 KTX가 개통되기 10년도 더 전이었는데, ICE 시스템을 보니 진짜 경이롭더라고요. 그 외에도 문화적 충격을 받은 것이 많았습니다. 우리는 한참 지나서야 시작한 분리수거를 이미 하고 있었고, 병이나 캔을 반납하면 바로 현금을 지급하는 자판기가 운영되더군요. 그리고 버스정류장에 앉아있으면 몇 번 버스가 몇 분 후에 오는지를 다 알려주고요. 지하철을 타 보니 출입구에서 검표를 하지 않는데, 차내에서 불시 검표를 해서 무임승차를 적발하면 수십 배의 과태료를 물리는 겁니다. 여러 가지 면에서 한국과의 격차가 너무나도 크더라고요. 그런 것들을 보면서 앞으로 내가 일을 할 때 어떤 마음가짐으로 해야 할지, 우리나라가 어떤 방향으로 가야 할지 많이 느끼게 됐죠.

강 해외에, 특히 선진국에 가보면 우리 내부에서는 보기 어려운 것들을 많이 느끼게 되죠. 저도 그런 경험을 뼈저리게 했습니다.

조　강 작가도 그런 경험을 제대로 했다는 것을 잘 압니다. 그 과정에서 느낀 결과물을 책으로 펴내기도 했고요.

제모 시술을 받은 이유

강　이제는 보험업계로 전직하는 스토리로 넘어가야 할 것 같습니다. 그게 몇 년도에 있었던 일이죠?

조　서른네 살이었던 1997년 11월 1일이었어요. 지금도 날짜까지 정확하게 기억하는 이유가 있죠.

강　1997년 11월이면 IMF 사태 터지던 달이니까 그 바로 직전이었네요.

조　맞아요. 제가 입사한 날로부터 2주 후에 IMF 사태가 터졌기 때문에 정확하게 기억을 합니다.

강　어떤 계기에서 보험 세일즈맨으로 변신하게 된 겁니까?

조　동부제강 출신의 선배 한 분이 보험업계로 오라고 한참 전부터 계속 권유했던 거예요. 처음에는 '내가 미쳤냐? 그런 일을 하게'라고 생각했어요. 지금은 인식이 많이 달라졌지만 그때까지만 해도 보험 세일즈는 속칭 보험아줌마 부대가 장악하고 있는 업종이었고, 남편의 실직이라든가 기타 경제적인 어려움 때문에 어쩔 수 없이 택하게 되는 것이 보통이었잖아요.

강　그러게 말입니다. 명문대 출신에 번듯한 직장을 다니고 있는 젊은 남자가 보험 세일즈에 뛰어든다는 것은 쉽게 이해되기 어려운 분위기였죠.

조　그런데 선배의 권유에 못 이겨 푸르덴셜생명의 설명회에 갔다가 마음이 바뀌었어요. 여러 가지 이야기를 들었는데, 그중 인상적인 것은 "보험을 판매한다는 것은 가족 사랑의 실천이다"라는 말이었죠. 가정의 주 소득원이 사망하거나 장애를 입게 되면 가족 구성원들이 아주 어려운 형편에 빠지게 되잖아요. 보험 세일즈는 그런 최악의 상황이 닥쳤을 때 가족들을 보호하도록 돕는 직업이라는 것이죠. 당시 푸르덴셜생명의 역사가 150년 정도였는데, 왜 백 년이 넘도록 살아남는 회사가 되었는지 느끼게 된 대목이 있었어요.

강　어떤 점이었습니까?

조　문화적 충격이라고 할 정도였는데, 그건 나중에 이야기해야 할 것 같으니 좀 미뤄두도록 하죠. '가족 사랑의 실천'도 인상적이었지만, 진짜 저의 마음을 움직인 말은 따로 있었어요.

강　그게 무엇이었습니까?

조　"자기 월급을 자기가 결정할 수 있다"는 말이었어요. 그게 귀에 확 꽂혔고, 내 가치가 대체 얼마나 되는지를 확인해 보고 싶은 욕망이 솟구쳤죠. 그 말이 나의 정체성에 대한 의문을 던져주었던 것 같습니다. 보통의 직장인들은 아무리 열심히 일해도 남들과 같은 봉급을 받게 마련이잖아요. 내 한계에 도전할 때의 몸값을 확인해 보고 싶어서 푸르덴셜생명에 입사했고, 그와 동시에 몇 가지 의사결정을 했죠.

강　어떤 의사결정이었습니까?

조　사무실에서 먹고 자면서 최대한 시간을 투자하겠다. 일만 죽도록 했을 때 내 연봉이 얼마로 결정되는지 확인하겠다.

강　아주 비장한 각오를 하셨네요.

조　당시엔 죽도록 일해도 사람은 위대하기 때문에 쉽게 안 죽는다고 생각했어요. 그런데 나중에 더 자세히 이야기하겠지만, 죽도록 일하다가 진짜 죽을 뻔했죠.

강　궁금하지만 잠시 미뤄두겠습니다. 그 당시 종신보험終身保險이 막 도입되고 있었고, 푸르덴셜생명은 생명보험업계의 선두주자 역할을 했다면서요?

조 맞아요. 이후에 경영진의 잘못된 판단으로 위대한 성과를 이루지는 못했지만 당시의 푸르덴셜생명은 생명보험업계의 사관학교로 통했습니다. 보험아줌마에서 전문성을 갖춘 설계사로 무게중심을 옮기는 데에 선도적인 역할을 했고요. 푸르덴셜생명에는 아주 재미있는 모집 원칙이 있었어요. 4년제 대학 졸업자, 그리고 직장에 다니고 있는 사람만 모집했죠. 무직자는 지원이 불가능했고요.

강 당시 업계에서는 상당히 파격적인 조건이었던 것 같습니다. 그런데 보험업계로 전직하는 것에 대해 가족들의 반대는 심하지 않았습니까?

조 왜 반대가 없었겠어요?

강 보험업계 입문 이후 조 대표님의 행보에 대해서는 이미 세간에 알려진 내용들이 꽤 있습니다. 모든 생명보험회사를 통틀어 종신보험 계약자 수 기간별 1위를 기록했고, 지금도 보험업계에서는 레전드로 통하고 있잖아요. 대체 얼마나 열심히 일하셨으면 그게 가능했을지 궁금합니다.

조 입사하고 나서 제일 먼저 한 일이 남대문시장에 나가서 침낭부터 산 거였어요. 고객들에게 자세한 자료를 제시하려면 가방 하나로는 모자랐기 때문에 가방 두 개를 사서 양손에 하나씩 들고 다녔고요. 면도하는 시간이 아까워서 제모除毛 시술을 받았죠. 계산을 해보니까 면도하는 시간이 모이면 만만치가 않더라고요. 하루에 3분을 면도에 할애한다고 하면 1년이면 약 18시간이 되고, 앞으로 50년을 더 산다고 가정하면 900시간, 약 37일이 되죠. 제모 시술을 한 번 받으면 인생에서 약 한 달의 시간을 벌 수 있는 셈이 됩니다. 게다가 평생 동안 면도기 구입에 들일 비용보다 제모 시술 비용이 더 저렴하고요.

강 저는 그렇게까지 시간을 짜내서 살 생각조차 해본 적이 없는데 정말 대단하십니다.

조 그 시기에 라식 수술도 받았어요. 요즘은 다시 안경을 쓰고 있지만요.

강 그 이유는 뭡니까?

조 상대방을 설득하기 위해서는 눈을 보는 것이 중요합니다. 눈빛을 보면 거절인지 승낙인지 정확하게 알 수가 있는데, 안경을 끼면 두 사람의 눈 사이에 유리glass가 개입되어 장벽 하나가 생겨서 눈빛을 정확하게 읽기가 어려워지거든요.

강 정말 생각지도 못했습니다. 진짜 철저하게 대비하고 전투에 임하셨네요.

조 그렇게 만반의 준비를 갖추고 사무실에서 약 1년간 먹고 자면서 작은 액수라도 계약 건수를 쌓는 데에 주력을 했어요. 그 이후에는 경쟁이 치열한 수도권을 벗어나서 남해안 고속도로 주변을 집중적으로 돌아다녔고, 건당 계약 액수를 높이는 작업에 돌입하게 되었죠.

강 당시에 타고 다니시던 스타크래프트 밴Starcraft Van이 아주 유명했습니다. 주로 연예인들이 타고 다니는 밴을 보험 세일즈맨이 구입한다는 것은 범상치 않은 일이었는데요.

조 일 년에 내 이동거리가 얼마나 됐을 것 같아요?

강 글쎄요. 제가 한참 돌아다닐 때 연간 3만 5천 킬로미터 정도를 뛰었는데, 그보다 배는 넘을 테니 한 7~8만 킬로미터?

조 강 작가는 카스타라는 차 기억하죠?

강 네. LPG를 연료로 쓰는 다목적차량MPV이었죠.

조 본격적으로 지방 시장 공략에 들어가면서 연료비가 덜 드는 LPG 차량인 카스타를 첫 차로 구입했죠. 1년 지나니까 주행거리가 10만 킬로미터가 넘어가더군요. 1년을 그렇게 다니고 나서 스타크래프트 밴을 구입하고 기사를 고용했습니다. 그때쯤엔 수입도 안정됐거니와 손수 운전을 계속해서는 도저히 몸이 견딜 수도 없겠더라고요. 그리고 보험 세일즈맨이라는 직업에 대한 사회적 인식을 개선하기 위한 목적이 크게 작용했죠.

강　얼마나 치열하게 일하셨는지 이제 충분히 감이 옵니다만, 마냥 열심히만 한다고 성과가 나오는 것은 아니란 말이죠. 과거 고객들이 조 대표님을 두고 "다른 보험 세일즈맨들과는 확실히 다르다"라는 반응을 보였다고 하는데, 구체적으로 어떤 점에서 차이가 있었을까요?

조　고객이 필요한 것을 설득하고 납득시키는 과정을 통해서 판매했기 때문이 아닐까 싶습니다. 누구에게나 종신보험이 필요한 이유가 있어요. 부자들이라고 해서 필요성이 없는 것은 아니죠. 우리나라 사람들은 자산이 부동산에 편중되어 있는 경우가 많은데, 그런 상태에서 갑자기 사망하게 될 경우 상속세를 낼 현금이 없어서 애를 먹게 됩니다. 반면에 고액의 종신보험을 들어두었으면 상속세 때문에 상속인들이 갑작스럽게 부동산을 처분해야 할 필요가 없게 되죠. 그런데 종신보험이 진짜 필요한 사람들은 따로 있어요.

강　누굽니까?

조　경제적으로 취약한 사람들이죠. 부자들에 비해 질병과 사고에 노출될 확률은 높고, 가장이 갑자기 사망하거나 장애를 입게 되면 가족들은 무방비 상태에 빠지게 됩니다. 사실 제 입장에서는 돈 많은 사람들을 쫓아다니면서 고액 계약을 따내는 것이 유리하지만, 종신보험이 정말로 필요한 사람들을 외면할 수는 없었어요. 그래서 지하 단칸셋방에 사는 사람들에게도 한 달 2~3만 원짜리 종신보험을 팔았죠. 어찌 보면 이건 몸 피곤하고 돈은 안 되는 미련한 행동입니다. 그렇게 해서는 계약 액수에서 1위를 차지하기는 거의 불가능하

대한민국 Top 세일즈맨으로 선정된 기사. 아랫줄 오른쪽이 조태룡 대표

거든요. 그래도 계약 건수에서는 1등을 놓친 적이 거의 없었어요. 든든한 배경을 바탕으로 고액 계약을 따내는 경쟁자에게 계약 액수는 1등을 내주지만, 꼭 필요한 사람들을 대상으로 하는 것이 훨씬 더 가치 있는 일이라고 생각했습니다.

5퍼센트 법칙

강　계약 액수가 적더라도 꼭 필요한 사람에게 제공해야 한다는 자세가 정말 존경스럽습니다.

조　그리고 그냥 "도와 달라"는 식으로 접근해 본 적은 없어요. "당신에게 꼭 필요하다"고 설득하고 납득시켜서 판매했죠. 인간관계라는 것은 어느 한쪽이 일방적으로 도와주어서는 오래가지 못하고 서로 도움이 돼야 지속될 수 있는 것이에요.

강　이런 질문을 드려도 될지 모르겠습니다만, 보험 세일즈를 하시면서 도대체 수입이 얼마나 됐습니까? 세무조사를 받으셨다는 이야기를 본 기억이 있는데 맞습니까?

조　구체적인 액수를 밝히기는 좀 그렇지만, 일반 직장인들의 몇 년 치 연봉을 한 달에 벌었다고 표현하면 적절할 것 같아요. 세무조사 받은 것도 사실입니다.

죽을 뻔한 병에 걸린 뒤 인생을 재설계하다

강　이제는 대화의 방향을 약간 바꿔서 좀 더 인간적인 측면의 진솔한 이야기로 넘어가 볼까 합니다. 경제적으로나 자아실현 측면에서나 엄청난 성취를 이루셨는데, 그 과정에서 잃은 것은 없었습니까?

조　모든 일에는 대가가 따르기 마련이죠. 죽도록 일하다가 진짜 죽을 뻔했다고 아까 말했잖아요. 서른아홉 살이었던 2004년에 임파선암 말기 판정을 받아서 7시간짜리 대수술을 받았죠. 이 사진을 한번 봐요. 암에 걸렸을 때 찍은 사진이거든요.

강　얼굴이 퉁퉁 부어있었네요. 이 사진과 지금 모습을 대비해 보면 동일 인물이라는 것이 믿기지 않을 정도입니다.

조　죽고 사는 문제도 심각했지만, 임파선에서 성대로 전이가 돼서 목소리를 잃을 수도 있었어요. 진짜 미칠 노릇이었죠. 목소리가 안 나오면 어떻게 보험을 팔겠어요. 성대 절반을 절제했는데도 다행히 목소리를 잃지는 않았는데, 지금도 고음이 나오지 않아서 노래방에 가지 않습니다.

강　정말 아찔했네요.

조　그걸로 끝이 아닙니다. 일 년 후에 재발을 해서 그때도 말기 판정을 받았고, 다시 7시간 동안 수술을 받았죠. 첫 번째 수술도 충격적이었지만, 두 번째 수술은 더 심한 충격이었어요. 전이돼서 뇌로 올라가는 것을 간신히 잡은 거예요. 뇌로 올라갔으면 그냥 끝이었죠.

강　재발한 암은 더더군다나 잡기가 어려운데, 기적적으로 살아나셨네요.

조 암 투병하면서 유서를 두 번 썼고, 신경을 다 뜯어내서 지금도 오른쪽 머리부터 어깨까지는 감각이 없어요. 돌이켜보면 하늘에서 "네 몸이 더 중요하니 조심해라"는 강력한 경고를 보냈던 것 같아요. 그래서 지금은 죽도록 일하지 않고 자연스럽게 과정을 즐깁니다.

강 어휴, 레드카드를 받고 퇴장당하는 것을 면하고 옐로카드로 끝난 것이 천만다행이네요.

조 그러게 말이에요. 경고 누적으로 쫓겨나기 직전까지 갔었죠.

강 흔히들 죽을병에 걸렸다 살아나면 인생이 다르게 보인다고 하는데, 이후 조 대표님의 인생관에는 어떤 변화가 있었는지요?

조 인생에서 가치 있는 것들에 대해 다시 분류하게 됐죠. 이전에는 가치 있는 줄 몰랐다가 가치를 깨닫게 된 것은 나自我와 가족이었어요. 반대로 이전에 가치 있다고 생각했다가 가치 없는 것으로 분류된 것에는 친구와 약속이 있습니다.

강 친구와 약속이라……. 자칫 오해의 소지가 있을 것 같은데 부연설명을 부탁드립니다.

조 강 작가도 친구와 별 이유 없이 만나는 경우가 있죠?

강 없다고 할 수 없죠.

조   돌이켜보면 별 쓸데없이 만나는 일이 꽤 많았던 것 같아요. 그리고 친구라고 다 같은 친구가 아니죠. 과연 내가 죽었을 때 끝까지 빈소 지키고 상여를 메 줄 수 있는 친구가 몇이나 있을까요? 대부분 조의금 얼마 내고 가는 것이 고작일 겁니다.

강   무슨 말씀인지 충분히 동감합니다.

조   죽을 고비를 넘긴 것 말고도 그 무렵에 여러 사연들이 많았어요. 뒤에 이야기할 이직도 그 시기에 있었고요. 서른아홉 살에 아홉수를 톡톡히 겪었죠.

강   또 뭐가 있었습니까?

조   일에 중독돼 있었으니 가정이 평화로울 리가 없었고, 여러 가지 문제가 생기더라고요. 이래저래 뼈아픈 수업료를 내고 많이 배운 것 같아요. 지금은 아무리 바빠도 가정과 일의 균형을 맞추기 위해 노력하는 편입니다.

강   열심히 일하는 것도 중요하지만 건강과 가정을 지키는 것도 중요하다는 교훈을 다시금 느끼게 됩니다.

5퍼센트 법칙

인간이 사명감으로 임하면
다리가 4개인 돈이 와서 덮친다

강 이제 다시 대화의 방향을 틀어보죠. 푸르덴셜생명에서 보험업계의 전설로 통하다가 교보생명으로 이직을 하셨는데, 그 계기는 무엇이었습니까?

조 첫 번째 암 수술을 한 이후인 2004년 봄에 이직을 하게 됐습니다. 어느 날 전화가 와서 받았는데, 놀랍게도 교보생명의 신창재 회장님이 직접 전화를 걸어오신 거예요. 참고로 당시 교보생명은 상품 개발을 잘못해 많은 손실을 보면서 위기에 처해 있었죠. 신 회장님은 푸르덴셜생명의 성공 모델을 이식해서 설계사 조직 현대화를 맡아달라고 요청하셨어요. 일종의 구원투수로 호출을 받은 셈입니다.

강 그래서 바로 수락하셨나요?

조 아니요. 처음엔 "죄송하지만 갈 수가 없습니다"라고 했죠.

강 왜요?

조 보험회사의 가장 큰 자산은 인적자산이기 때문에 유능한 설계사들을 붙잡아두려고 노력을 하죠. 그래서 설계사들에게 지급하는 수당을 한꺼번에 주지 않고 몇 년에 걸쳐 분할지급하고, 중도에 퇴사를 하게 되면 남은 수당을 주지 않습니다. 당시 제가 이직을 하게 되면 포기해야 할 금액이 만만치가 않았고, 신창재 회장님께 그런 사정을 솔직하게 말씀드렸죠. 그랬더니 그 금액을 전부 보전해 주시겠다고 제안을 하셔서 감사한 마음으로 이직을 결심하게 됐습니다.

강 그렇게 세 번째 직업을 가지게 되었군요. 업종의 변화는 없었지만 교보생명에서 맡은 업무는 푸르덴셜생명에서 했던 일과는 달랐죠?

조 푸르덴셜생명에서는 현장 세일즈를 했다면, 교보생명에서는 설계사 조직을 관리하는 것으로 업무가 바뀌었죠. 주된 임무는 설계사 조직의 인당 생산성을 높이고 정예화하는 것이었는데, 정예화와 동시에 설계사 수를 늘리는 것까지 이루어야 했어요.

강 정예화와 동시에 설계사 수를 늘린다고요? 이율배반적인 미션 mission 으로 보이는데요.

조 동시에 달성하기에 결코 쉬운 일이 아니죠. 사람 수를 늘리면 인적자원의 질이 떨어지기 쉬운 것이 사실입니다. 그걸 방지하기 위해서는 기존의 보험아줌마 조직을 고학력자 위주로 재편할 필요가 있어서 4년제 대학 졸업생들을 대거 채용했어요. 그런데 거기에도 또 문제가 있는 겁니다. 대학을 갓 졸업한 젊은 친구들은 세일즈를 할 인맥이 부족하잖아요.

강   그렇겠네요. 그 문제를 어떻게 해결했습니까?

조   그들이 팔 수 있는 상품을 개발하는 것이 해결책이었어요. 그래서 한국 최초로 제가 대학기부보험을 개발했죠. 당시 하버드 대학에는 연간 약 1조 5천억 원의 기부금이 들어오는데 서울대는 400억원 남짓이었습니다. 대부분의 사람들이 사는 것이 빠듯하다 보니 모교를 위해 좋은 일을 하고 싶어도 목돈을 기부하기는 부담스럽잖아요. 그래서 십시일반으로 소액의 보험료를 내면 가입자가 사망한 후 보험금이 모교에 기부되는 상품을 기획했고, 서울대를 비롯한 주요 대학들과 제휴해서 상품을 출시했던 겁니다. 그해에 저는 관리자로서 전국 챔피언의 자리에 오를 수 있었어요.

강   졸업생 선배들을 찾아서 모교를 위한 소액 보험에 가입해 달라고 하는 것은 대학을 갓 졸업한 젊은이들에게도 아주 어려운 미션은 아니었겠네요.

조   맞아요. 게다가 젊은 설계사들이 그렇게 인맥을 쌓으면 다른 보험상품을 판매할 기회를 창출하는 일석이조의 효과가 있죠.

강   교보생명 신창재 회장님의 캐릭터가 참 독특한 것으로 알고 있는데요.

조   원래 서울대 의대 출신의 산부인과 의사였는데, 선친의 뜻을 받들어서 경영자로 변신한 분입니다. 사업의 본질을 꿰뚫어 보는 통찰력이 대단하지 않고서는 의사가 경영자로 변신하기는 너무나도 어려운 일인데, 그 어려운 일을 훌륭히 해내시더라고요. 교보생명이 위기에 처했을 때 최고경영자CEO로 등장해서 빠른 시간 내에 회사를 정상화하셨고, 지금은 교보생명의 경영 상태가 아주 탄탄해졌어요. 신 회장님께 여러 가지로 배운 점이 많았는데, "돈은 다리가 4개이기 때문에 다리가 2개인 인간이 쫓아갈 수 없다. 하지만 인간이 사명감으로 임하면 다리가 4개인 돈이 와서 덮친다"는 말씀이 가장 기억에 남습니다. 신 회장님을 다시 만나 뵙고 더 많은 가르침을 받고 싶은 욕심이 지금도 많아요.

강　교보생명에서 다시 삼성생명으로 이직하면서 보험업계에서 세 번째 직장을 갖게 됩니다. 이번 이직의 계기는 무엇이었습니까?

조　제가 개발한 대학기부보험에 관심을 보여서 스카우트 제의가 들어왔고, 국내 제1의 보험사이고 모든 면에서 빈틈이 없기로 유명한 삼성그룹 소속인 삼성생명을 경험해보고 싶었어요. 그런데 그 외에 다른 이유도 있었죠.

강　다른 이유라, 그게 무엇이었습니까?

조　웬만하면 신 회장님과의 의리를 저버리고 싶지 않았는데 교보생명에 도저히 더 있기가 어려웠습니다. 강 작가도 한국의 기업문화를 잘 알죠? 윗사람들이 자기 밑에 더 유능한 사람이 있는 것을 용납하지 못하잖아요. 임원들한테 너무 시달려서 스트레스를 많이 받았고, 견디다 못해 신 회장님께 솔직히 말씀드렸죠. 제가 몇 마디 하지도 않았는데 신 회장님은 금방 상황을 파악하시더군요. "정말 죄송합니다만 아무리 봐도 제가 할 수 있는 것은 여기까지인 것 같습니다"라고 말씀드렸고, 신 회장님은 너그러이 이해해 주셨어요.

강 한국의 현실에 대해 씁쓸한 느낌이 듭니다. 삼성생명으로 이직한 후 업무에는 어떤 변화가 있었습니까?

조 일정 권역의 지점들을 통합 관리하는 권역장圈域長 역할을 했어요. 교보생명에 있을 때보다 더 광범위한 조직을 관리했던 겁니다.

강 보험업계에서 현장 세일즈, 상품 기획, 설계사 조직 관리 등을 망라해 보험 마케팅의 전 과정을 섭렵하신 셈이군요. 보험업계에서의 경험이 나중에 스포츠계로 뛰어든 이후에 하신 일에 큰 도움이 됐습니까?

조 정확히 말하면 보험업계에서의 경험이 아니라 저의 과거 전반이 도움이 됐다고 해야죠. 제조업에서는 생산 공정 시스템의 관리를 배웠고, 무역업에서는 글로벌 마인드를 배웠고, 보험업에서는 마케팅과 돈의 흐름, 그리고 조직 관리와 인적자원 양성을 배웠습니다. 여러 회사와 업무를 거치면서 다양한 경험을 한 것이 잘 체화體化되었던 것 같아요.

5퍼센트 법칙

Chapter 2

프로야구단
단장으로 변신

어린 시절부터 꿈이 마흔다섯 살이 되면 은퇴하는 것이었어요. 그런데 그때가 마침 마흔다섯 살이었죠. 제가 생각한 은퇴의 정의는 '모아둔 돈으로 놀고먹는 것'이 아니라 '돈을 벌기 위해 사는 삶의 종료'였습니다. 수단에 얽매이지 않는 자유로운 삶, 그리고 이 시대를 함께 사는 사람들에게 뭔가 의미 있는 일을 하는 삶을 살고 싶었어요. 아내한테 "아무래도 나 프로야구단에 가야 할 것 같아"라고 이야기를 꺼냈는데, 처음에는 당연히 반대에 부딪혔습니다.

마흔다섯 살,
돈을 벌기 위한 삶을 종료하다

강   2008년에 보험업계를 떠나서 프로야구단 단장으로 취임하게 됩니다. 사람들의 눈에는 정말 뜬금없다고 보일 변신이었죠. 서울히어로즈 프로야구단(속칭 '넥센 히어로즈', 이하 '히어로즈'라 함)의 이장석 대표와는 연세대 금속공학과 동기인 것으로 알려져 있는데, 두 분은 학창시절부터 친분이 두터웠습니까?

조   대학 다닐 때 정말 친하게 지냈고, 단짝 몇 명 중의 하나였어요. 사회생활 하면서는 서로 바빠서 자주 연락을 하지는 못했지만요.

강   이장석 대표에게 영입 제안을 받게 된 계기는 무엇입니까?

조   2008년 중순쯤부터 한 6개월 동안인가 계속 만나자고 연락이

오더라고요. 이 친구가 만나면 야구 이야기만 그렇게 해대는 겁니다. 저는 워낙 바쁘게 살다 보니까 스포츠에 관심을 두지도 못했고, 현역 야구선수들의 이름도 거의 모르던 상태였죠. 친한 친구가 연락을 해오니까 만나긴 했는데, 그런 저를 앞에 두고 야구 이야기를 하니 "이 친구 지금 뭐 하자는 거야?"라는 생각이 들면서 별 관심을 안 됐어요.

강 그런데 왜 결국 히어로즈에 합류하게 되셨나요?

조 어린 시절부터 꿈이 마흔다섯 살이 되면 은퇴하는 것이었어요. 그런데 그때가 마침 마흔다섯 살이었죠.

강 은퇴라고요? 지금까지도 이렇게 부지런히 일하고 계신데요.

조 제가 생각한 은퇴의 정의는 '모아둔 돈으로 놀고먹는 것'이 아니라 '돈을 벌기 위해 사는 삶의 종료'였습니다. 돈만 쫓고 살다가 죽으면 인생이 허무하잖아요. 수단에 얽매이지 않는 자유로운 삶, 그리고 이 시대를 함께 사는 사람들에게 뭔가 의미 있는 일을 하는 삶을 살고 싶었어요.

강 이제 이해가 됩니다. 처음엔 이장석 대표의 제안에 시큰둥한 반응을 보이다가 결국 수락한 이유는 무엇입니까?

조 처음 연락이 와서 다시 만나기 시작하고 나서 6개월쯤 지났을 때로 기억되는데, 어느 날 새벽에 갑자기 심경의 변화가 일어났어요. 신의 계시랄까, 종달새의 지저귐이랄까, 뭐라 표현해야 할지는 모르겠지만 갑자기 제 귀에 쏙 꽂히는 거 있죠. 이장석이라는 친구가 나에게 은퇴를 권유하고 있다는 느낌이 들더라고요. 스포츠라면 사회에 의미 있는 일을 하고 사람들을 행복하게 할 수 있는 수단이 되겠다는 생각이 들었습니다. 그리고 이장석 대표가 한 이야기 중에 확 와닿던 것이 하나 있어요.

강 무슨 이야기였나요?

조 미국 맨해튼에서 돈을 벌면 하는 일이 세 가지가 있답니다. 첫째로 말馬을 사고, 둘째로 애스턴 마틴Aston Martin 스포츠카를 사고, 다음으로는 프로스포츠 구단주가 된다는 거예요.

강 하하하, 어디선가 들어본 것 같기도 합니다. 잘나가던 보험업계를 떠나 프로야구에 뛰어들겠다고 했을 때 가족들의 반응은 어땠습니까?

조 아내한테 "아무래도 나 프로야구단에 가야 할 것 같아"라고 이야기를 꺼냈는데, 처음에는 당연히 반대에 부딪혔습니다. 보험업계에서 탄탄대로를 걷고 있는데 왜 엉뚱한 방향으로 가려 하냐고 일축하더군요. 아내뿐만 아니라 가족들 모두가 반대했죠. 그래서 "쉬운 길 말고 안 해본 일, 어려운 일에 다시 도전하고 싶다"고 재차 설득했어요.

강   미지의 길에 뛰어들면서 두려움은 없었습니까?

조   새로운 것에 대한 저의 반응은 두려움보다는 설렘이에요. 안 해본 일을 하면 재밌고 설레지 않나요?

강   저는 동감합니다만, 두려움이 앞서는 사람들도 많겠죠.

조   타고난 성격에 따라 다르게 마련이죠. 새로운 일에 도전하고 싶은 욕구가 주된 이유였습니다만, 한편으로는 어려운 상황에 처한 친구를 돕고 싶은 마음도 있었어요. 강 작가도 당시 히어로즈의 상황을 알죠?

강   나름 한국야구위원회KBO 출신인데 모르지는 않죠.

조   잘 알고 있겠지만 2007 시즌을 끝으로 현대 유니콘스가 해체되면서 프로야구는 8개 구단에서 7개 구단으로 줄어들 위기에 처했잖아요. 2008 시즌 개막을 불과 얼마 앞두고 갑작스럽게 이장석 대표가 나서 현대 유니콘스 선수단을 인수해 히어로즈를 창단했죠. 우리담배를 네이밍 스폰서naming sponsor로 하여 '우리 히어로즈'라는 이름으로 출범했는데, 우리담배와의 스폰서십sponsorship 계약이 파기되면서 재정 문제가 너무나도 심각했습니다. 이런 문제를 극복하고 히어로즈가 생존할 수 있게 하는 데에 제가 도움이 될 수 있다는 자신이 있었죠.

강　히어로즈 이야기만 엮어도 한 권의 책을 만들 수 있을 것 같습니다.

조　그럼요. 여기서는 대략적으로만 이야기하고 넘어가겠지만 파란만장한 사연들이 정말 많았죠.

강　당시 최초의 프로야구 선수 출신 단장이었던 박노준씨가 해임되고 이장석 대표의 대학 동기인 조 대표님이 단장으로 취임하자 많은 비난이 있었던 것으로 기억됩니다. 정실인사라는 비난도 있었고, 야구와는 전혀 관련이 없어 보이는 보험 세일즈맨 출신이 야구단 단장이 된 것을 이해하지 못하는 분위기였죠.

조　절대로 정실인사가 아니었어요. 훗날 이장석 대표가 사람들에게 심각한 배신감을 안겨주기는 하지만, 두뇌가 명석하고 야구에 대한 식견이 탁월한 사람임은 부인할 수 없습니다. 그렇지만 밖에 나가서 스폰서 영업을 할 수 있는 성격은 전혀 아니죠. 모든 일을 잘할 수 있는 사람은 없잖아요. 그 일을 잘할 수 있는 사람이 맡으면 되는 거지. 그리고 그룹 계열사 임원이 퇴직 전에 잠시 머무르기 위해 구단 단장이나 사장으로 오는 것은 괜찮고 금융 마케팅 전문가인 저는 단장이 되어서는 안 될 이유가 뭐죠? 스포츠 산업 발전을 위해서는 다른 업계의 유능한 사람들을 영입하는 것이 반드시 필요한데 말입니다.

강　동감합니다. 우리 사회에는 불필요한 선입견이 너무 많은 것 같아요.

조　처음부터 단장을 맡았던 것은 아니었고, '조태룡 상무'로 일주일 정도를 지냈는데 저보고 단장을 하라는 거예요. 그때만 해도 프로야구단 단장이 뭐하는 자리인지도 모르고 맡았는데, 막상 해보니까 할 일이 엄청나게 많더라고요. 얼마 더 지나니까 구단 주식을 사라고 하대요. 그래서 가족의 반대를 무릅쓰고 샀죠.

강　하하하, 제대로 코가 꿰이셨군요.

조　모르고 단장을 맡은 것에 나름의 장점도 있더라고요. 항상 초심을 유지할 수 있었고, 남의 방식을 답습하지 않았다는 것이죠.

강　동감합니다. 해당 업종을 잘 아는 사람보다 전혀 무관해 보이는 사람이 오히려 혁신을 일으키는 경우가 많죠.

조　맞아요. 그래픽 디자이너와 컴퓨터 프로그래머가 모여서 창업한 에어비앤비Airbnb가 전 세계 숙박업계에 지각변동을 일으킨 것이 대표적인 최근 사례라 하겠습니다.

없는 집 제사 돌아오듯 하던 시절

강　단장으로 부임하고 경영 실태를 파악해 보니 어땠습니까?

조　진짜 말도 못했죠. 목동구장에 펜스 광고를 50개 좀 넘게 붙일 수 있는데 달랑 2개가 붙어있더라고요. 지금도 생생하게 기억납니다. 부산저축은행과 팔도왕뚜껑 광고였죠.

강　웃을 일이 아닌데 자꾸 웃음이 나와서 죄송합니다. 당시 속사정을 모르는 야구팬들 중에는 '야구에 집중하기 위해서 광고를 안 붙이나 보다'라고 생각한 사람들도 제법 있었다더군요. 그 상황을 보고 눈앞이 노래지지 않았습니까?

조　그렇진 않았어요. '비어 있어? 그럼 채우면 되지'라는 생각뿐이었죠. 사실 무형의 가치를 판매해야 하는 보험보다 광고 파는 것이 저에겐 훨씬 쉬웠어요. '가족사랑의 실천'이라는 가치를 눈에 보이게 설명하는 것은 쉬운 일이 아니거든요. 반면에 광고료는 얼마고 시즌 종료까지 광고 노출 효과는 얼마라고 설득하고 납득시키는 것은 그다지 어려운 일이 아닙니다. 진짜 어려움은 따로 있었어요.

강　무엇이었나요?

조　돈에 쫓기는 것이 너무 힘들었어요. 부도 위기를 맞은 것이 한

두 번이 아니었죠. 매달 25일이면 선수단과 프런트 직원들 급여를 줘야 하는데, 당일까지도 자금이 맞춰지지 않아서 자정이 다 돼서야 간신히 해결하는 일이 빈번했죠. 외줄타기를 대체 몇 번을 했는지 셀 수도 없습니다. 거기다가 한국야구위원회KBO에 가입금도 내야 했고요. 그래도 선수단 급여는 단 한 번도 밀린 적이 없어요.

강   '없는 집 제사 돌아오듯 한다'는 이야기가 딱 맞는 상황이었네요.

조   딱 그 꼴이었죠. 광고 영업을 하는 과정에서도 어려움이 많았습니다. 광고 영업을 다니다 보면 히어로즈가 가지고 있던 부정적인 이미지 때문에 기피당하기 일쑤였어요. 당시 대다수의 사람들이 히어로즈가 곧 파산할 거라고 생각했었고, "당신네 구단이 문 닫으면 우리 광고는 어떻게 되느냐?"는 말을 거절의 명분으로 사용하는 경우가 정말 많았습니다.

강   너무나 서러운 일이네요.

조   그런 거절의 명분에도 불구하고 광고 담당자들을 설득하는 것은 별로 어렵지 않았어요. 우리 구단이 망하더라도 시즌 종료까지는 한국야구위원회KBO 관리체제로 가기 때문에 광고에는 전혀 문제가 없다고 설명해서 납득시켰죠. 그런데 해당 기업들의 법무팀에서 자꾸 태클을 걸어오는 겁니다. 문제없을 거라는 말만 믿고 광고 계약을 할 수는 없으니 계약이행보증보험을 끊어오라는 요구가 나오곤

했죠. 재벌 그룹 소속 구단들은 모기업의 신용을 등에 업고 쉽게 해결할 수 있지만, 신용도가 없는 히어로즈는 담보 없이 보증보험증권을 받을 수가 없었어요. 임원들 개인보증이 들어가야만 가능했죠.

강　이야기를 듣다 보니 제가 눈물이 날 지경입니다.

조　너무 서럽고 힘들어서 사무실 문을 걸어 닫고 혼자 펑펑 울었던 적도 여러 번 있었어요. 지금 저의 모습을 보면 상상이 되지 않죠?

강　그러게 말입니다. 당시 부족한 자금을 메우기 위해서 주축 선수들을 대거 트레이드하던 사연은 이미 잘 알려져 있습니다.

조　살아남기 위해 어쩔 수 없는 일이었어요. 그렇지만 이후에 히어로즈는 육성과 효과적인 영입을 통해 선수들을 잘 키워내는 구단으로 명성을 얻게 되잖아요.

강　어쩔 수 없었던 사정은 충분히 이해됩니다만, 당시 아끼는 선수들을 줄줄이 떠나보낸 팬들의 분노는 하늘을 찔렀습니다. 이장석 대표와 조 대표님은 욕을 엄청나게 먹었죠?

조　하하하, 아예 성을 바꿔서 '개태룡'으로 불리는 것이 일상이었죠.

강　조 대표님 개인적으로는 고소득이 보장된 보험업계를 떠나 야

2012년 골든글러브 시상식에서 박병호 선수 부부와 함께 한 모습

구단 단장으로 옮기면서 상당한 기회비용을 감수했을 것 같은데요?

조　기회비용이 결코 적지 않았고, 보험을 계속했을 상황을 가정하고 비교하면 1년에 몇 억은 그냥 까먹었던 셈입니다. 아까 말했던 대로 구단 주식 구입하는 데에 돈을 털어 넣기도 했거니와, 2년 동안 월급을 한푼도 받지 못했어요. 나름 주주인 입장에서 구단 사정이 어려운 것을 뻔히 알면서 월급을 달라고 할 수도 없었죠. 돈을 벌기 위한 삶은 더 이상 살지 않겠다고 했기 때문에 돈 자체가 문제는 아니었지만, 그런 상황이 기분 좋을 리는 없잖아요.

강　솔직히 저라면 금방 때려치우고 나왔을 것 같은데, 그래도 히어로즈를 떠나지 않은 이유가 무엇이었습니까? 곤경에 빠진 친구를 내팽개치고 갈 수 없다는 의리 때문인가요?

조　친구와의 의리도 작용하지 않은 것은 아니지만, 그보다는 그 상황을 즐기고 싶었어요. "그래, 난 이미 은퇴한 사람이다. 정 잘못되면 내가 가진 주식이 휴지조각이 되는 것 말고 더 잃을 것이 있겠는가"라는 생각이었죠. 전체적으로 봤을 때 히어로즈에서 겪은 일들이 저한테는 아주 어렵지는 않았는데, 다만 파트너들과의 관계 설정을 하는 것이 쉽지는 않았어요.

성공률은 단 5퍼센트

강　몇 년의 세월이 지나면서 히어로즈는 재정적인 안정을 이루게 되지만, 그 과정에서 우여곡절이 많았을 것으로 짐작됩니다.

조　처음 가서 보니까 접근 방식에 문제가 많더라고요. 낚시에 비유하자면 고래만 잡자고 달려드는 겁니다. 도미도 잡고 광어도 잡으면서 일단 굶지 않고 버텨야 참다랑어든 고래든 큰 것을 잡을 수 있잖아요. 히어로즈가 첫해에 심각한 재정적인 문제에 부딪히게 됐던 것은 100억 원짜리 메인 스폰서main sponsor 하나에 전적으로 의존했다가 그게 펑크가 났기 때문이란 말입니다. 그래서 저는 100억 원짜리 스폰서 하나보다는 1억 원짜리 100개를 만드는 것이 낫다고 이장석 대표를 설득했어요. 고래나 큰 고기 한 마리를 잡기를 기대하기보다는 다양한 작물의 씨를 뿌려서 추수하는 농업 마인드를 조직에 심어주려고 했죠.

강 전적으로 동감합니다. 전쟁도 대포만 가지고는 할 수 없고 소총부대도 필요한 법이죠.

조 어떤 일이든 마인드의 정립부터 시작해야 한다고 생각하고 실천한 것입니다. 방향성이 제대로 잡히지 않으면 헤매게 마련이거든요.

강 '5퍼센트 법칙'이라는 것을 주창하셨는데, 흔히 '80:20의 법칙'이라고 부르는 '파레토의 법칙'과 비슷한 개념인가요?

조 파레토의 법칙처럼 아주 거창한 법칙은 아니고요, 제가 보험 마케팅 과정에서 터득한 경험칙입니다. 나름 통계를 내보니까 가망 고객과 접촉해서 계약 성사까지 이르는 비율이 대략 5퍼센트 내외였다는 의미죠. 히어로즈에서 제가 목표로 한 것은 100개의 스폰서를 유치하는 것이었고, 그것을 달성하려면 그 20배인 2천 개의 기업과 접촉이 필요합니다. 여기서 다시 역산逆算을 하는 거예요. 시즌 종료 후 다음 시즌 개막까지의 기간은 대략 5개월이고, 주 5일 근무를 기준으로 하면 실제 영업에 나설 수 있는 날은 약 100일입니다. 그런데 혼자 나가서는 곤란하고 2인 1조 체제가 반드시 필요해요. 한 사람은 운전하고, 다른 사람은 이동하면서 미팅 결과를 정리해서 사무실에 보고하는 등의 일을 맡아야 하거든요. 그리고 사무실에서 컨트롤 타워control tower 역할을 해야 할 사람이 1명은 있어야 하죠. 그리고 한 조가 하루에 만날 수 있는 기업체의 수는 최대로 잡아도 4개가 한계입니다. 결론적으로 5개 조 총 10명의 현장 영업 담당자와 사무실 인원까지 합쳐 11명이 필요하다는 계산이 나오죠.

강 무슨 이야기인지 이해가 됩니다. 히어로즈의 마케팅팀 인원이 다른 프로야구단에 비해 많다는 것은 이미 알고 있었는데, 그렇게 구성한 구체적인 이유가 있었네요.

조 그래도 처음에는 100개의 스폰서를 달성하는 것은 엄청 빡빡한 일입니다. 한 번 접촉해서 바로 계약에 이르는 경우는 없으니까요. 하지만 일단 궤도에 오르고 나면 한결 수월해지죠. 경영 악화 등의 요인으로 기존 스폰서가 이탈하는 비율은 대략 30퍼센트 정도 됩니다. 그러니까 일단 100개를 채우고 나면 매년 이탈하는 30개의 20배인 600개만 접촉해도 되죠.

강 그런데 11명의 마케팅팀을 어떻게 구성했습니까? 아까 말씀하시길 조 대표님은 2년 동안 월급을 못 받을 정도로 구단 형편이 어려웠다면서요.

조 인간적으로 저를 믿고 따를 수 있는, 그리고 제 생각을 잘 이해하고 실행할 수 있는 보험업계 후배들부터 불러모았어요. 기본급은 대졸 초임 수준밖에 주지 못했고, 대신 광고 수주액의 일정 비율을 수당으로 지급하기로 했죠. 급여 조건이 원래 하던 보험 일보다 워낙 열악하다 보니까 진짜 끌어오고 싶었던 에이스들은 데려올 수가 없었습니다. 인적자원을 더 잘 갖추었다면 훨씬 잘할 수 있었는데, 그럴 수가 없었던 당시 상황이 너무나 아쉬웠죠.

강　그런 사연이 있었군요.

조　저를 믿고 박봉을 감수한 후배들에게 고마울 따름이죠. 열악한 조건에서 정말 열심히 했어요.

강　현재 히어로즈는 아주 다양한 업종에 걸쳐 100개가 넘는 스폰서를 보유하고 있고, 메인 스폰서인 넥센타이어를 필두로 여러 등급의 스폰서들이 포진하고 있습니다. 이러한 스폰서 유치 프로세스가 완전히 자리 잡는 데에는 몇 년이나 걸렸습니까?

조　4년쯤 걸릴 거라고 예상했는데, 실제 해 보니 3년이 지나니까 안정 궤도에 접어들게 되더군요. 목표를 조기에 달성한 것이죠.

강　보험 세일즈를 하실 때 고객의 필요성을 설득하고 납득시켰다고 했는데, 프로야구단 스폰서 유치 과정에서도 같은 개념을 실행했습니까?

조　강 작가도 잘 알겠지만 스포츠계에서 스폰서 영업을 하면 거의

2015년 잡코리아와의 스폰서십 협약식

다 "도와 달라"는 식으로 접근하잖아요. 저는 그런 방식으로 일하지 않았습니다. 프로야구단 스폰서로 참여하는 것이 기업체에 어떤 이익이 되는지, 다른 광고 수단에 비해 비용 대비 효용이 얼마나 뛰어난지 등 객관적인 데이터를 가지고 설득했죠.

강 히어로즈와 관련해 많은 기사들이 존재했지만, 주로 야구 이야기였지 이렇게 스포츠 경영 현장에서 벌어지는 일들은 잘 다루어지지 않았거든요.

조 그런 것들을 전달하는 것이 이 책의 주된 목적 중 하나라고 생각합니다. 스포츠 경영과 스포츠 마케팅을 꿈꾸는 젊은이들에게 이런 이야기를 생생하게 전달하고 싶은 욕심이 예전부터 있었는데, 이제야 제대로 된 기회를 잡은 것 같네요.

한국 프로스포츠 역사에서
히어로즈의 의미

강　저는 조 대표님보다 12년 앞선 1996년 가을 한국야구위원회 KBO에 입사해 프로야구계에 뛰어들었습니다. 물론 얼마 버티지 못했고 별다른 일도 하지 못했습니다만, 그래도 다른 사람들보다는 조 대표님이 하시는 말씀을 빠르게 이해할 수 있는 것 같습니다.

조　강 작가는 '구단의 재정 자립'이라는 목표를 가지고 프로야구에 뛰어든 첫 번째 사람이었던 것으로 압니다. 지금 하고 있는 대화의 주제에서 벗어나지 않는 범위 내에서 강 작가가 KBO에서 경험한 것들을 듣고 싶네요.

강　헬멧 광고는 제가 KBO에 입사하기 전부터 존재했고요, 유니폼 어깨에 부착하는 광고는 1998년에 처음으로 실시됐습니다. 아마 그 배경은 조 대표님도 잘 모르실 것 같네요.

조　어떤 배경이 있었죠?

강   1998년이면 IMF 사태가 터진 직후잖아요. 그때까지만 해도 KBO는 대회 이름에 스폰서의 명칭을 붙이는 타이틀 스폰서십title sponsorship을 하지 않는 방침을 고수하고 있었습니다. 그런데 IMF 사태가 터지면서 경제상황이 극도로 악화되자 방향을 전환했죠. 그때는 지금과는 달리 언론매체를 통해 스폰서의 노출 효과를 올리기가 어려웠기 때문에 스폰서에게 제공할 혜택benefit이 마땅치 않았습니다. 그래서 고육책으로 생각한 것이 8개 구단의 유니폼 어깨에 타이틀 스폰서의 광고를 새로이 부착하는 것이었어요. 하지만 당시 경제상황이 워낙 어렵다 보니까 타이틀 스폰서 유치에 실패했고, 결국 유니폼 어깨 광고는 각 구단이 모기업으로부터 지원금을 받는 수단 중 하나로 변질돼 버렸죠.

조   아하, 그런 사정이 있었군요. 그런데 지금 그 이야기를 꺼내는 이유는 무엇인가요?

강   지금은 외부 기업의 광고가 많이 늘었지만, 여전히 프로야구단의 광고물은 구단 적자를 메우기 위해 모기업으로부터 지원금을 받는 수단으로 활용되고 있잖아요. 예를 들어 어느 구단의 헬멧에 그룹 계열사의 광고를 붙이고 50억 원을 받았다고 하죠. 광고 효과는 이것이 정당하냐를 판단하는 기준이 되기는 어렵다고 봅니다.

조   광고 효과는 어떻게 평가하느냐에 따라서 70억이 될 수도 있고 100억이 될 수도 있으니 정당함을 평가하는 기준이 되기 어렵다고 할 수 있죠. 강 작가가 생각하는 기준은 뭔가요?

강 똑같은 것을 그룹 계열사가 아닌 외부 기업에 팔았을 때 얼마를 받을 수 있느냐가 기준이 되어야 한다고 생각합니다. 예를 들어 외부 기업에 팔았을 때는 20억 원밖에 받을 수 없는데 그룹 계열사에서 50억 원을 받았다면 분명히 문제가 있다고 봅니다. 물론 프로야구단의 모기업이 오너owner와 스폰서sponsor를 겸하는 것 자체가 문제라고 보지는 않습니다만, 적정 시장가치에서 크게 벗어난 금액이 오가는 것은 옳지 못하죠. 저는 히어로즈와 조 대표님이 프로야구단 스폰서십의 정당한 시장가치를 최초로 입증해낸 사례라는 점에서 높이 평가합니다.

조 생존을 위해서 뛰다 보니까 그런 성과가 따라오게 되었던 것 같아요.

강 프로야구를 비롯한 한국의 프로스포츠는 출범하면서부터 모그룹의 지원에 의존하는 구조를 가졌고, 지금도 대부분의 구단들이 자생력을 갖추고 있지 못합니다. 그런 가운데 모기업 없이 자생하고 있는 히어로즈는 아주 독특한 사례로 꼽히고, 히어로즈의 자생을 가능하게 만든 조 대표님의 공적은 높이 평가받아 마땅합니다.

조 그렇게 평가해 주어서 감사합니다. 사실 대기업이 구단을 가지고 있는 시스템에는 상당한 문제가 있어요. 불과 몇 퍼센트의 지분을 가지고 있는 그룹 오너가 의사결정권자가 되어 구단의 모든 사항을 장악하는 것은 프로스포츠 발전의 장애요소가 되고 있습니다. 향후 해당 종목을 진심으로 사랑하는 자연인들이 구단주가 되면 프로스포츠는 도약을 맞게 될 겁니다.

강 히어로즈 단장으로 꽤 오래 계셨죠?

조 만 7년 조금 넘게 했고, 프로야구 최장수 단장 기록을 세웠습니다.

강 최장수 단장이자 시간당 가장 많은 고생을 한 단장이었겠습니다.

조 하하하, 저는 고생을 한 것이 아니라 은퇴생활을 즐겼을 뿐인데요. 제 인생의 즐거운 도전이었다고 생각합니다.

강 히어로즈 이야기를 조금만 더 하고 다음 주제로 넘어가겠습니다. 조 대표님이 히어로즈를 떠난 이후 불미스러운 일이 불거지면서 구단은 심각한 위기에 직면하고 있습니다. 이와 관련한 이야기를 듣고 싶은데 가능할까요?

조 구단에는 돈을 버는 파트와 쓰는 파트가 있는데, 저는 돈을 버는 쪽에 집중하고 있었기 때문에 돈을 쓰는 과정에 대해서는 몰랐던 사실들이 너무 많더라고요. 이미 언론매체를 통해 알려진 내용보다 문제가 훨씬 심각합니다. 문 닫을 위기에 처한 구단에 뛰어들어서 가까스로 생존과 안정을 이뤘는데, 최고경영자의 일탈행위로 인해 다시 위기에 처하게 되니까 여간 실망스럽고 화가 나는 것이 아

니에요. 하고 싶은 이야기는 정말 많은데, 아직은 자세히 언급하기
어려우니 양해를 부탁드립니다.

강 중대하고 민감한 내용이 많은 모양입니다. "아무리 재주가 뛰
어나도 도덕성이 뒷받침되지 않으면 오래 갈 수 없다" 정도로 언급
하고 마무리하면 적절하겠습니까?

조 대략 그 정도로 해둡시다. 훗날 허심탄회하게 이야기할 기회가
있겠죠.

Chapter 3

'위대한 연합'을
향하여

강원FC가 창단하면서 내세웠던 슬로건이자 미션이 '그레이트 유니온Great Union'이잖아요. 강원도민의 구심점 역할을 하겠다는 의미였죠. 강원도에 18개 시·군이 있는데 마침 프로축구 경기의 엔트리가 18명이에요. 18명의 선수가 그라운드에서 힘을 합쳐 승리를 위해 뛰는 것이 강원도 18개 시·군의 위대한 연합을 상징하는 의미가 있죠. 그것이 바로 강원FC의 설립 취지였습니다.

한 번 더 낮은 곳으로 임하다

강　오랜 기간 동안 머물렀던 히어로즈의 단장직을 사임하고 2016년 3월 강원FC의 대표이사로 부임하시게 됩니다. 여섯 번째 직업을 가지게 된 셈인데, 이번 변신의 계기는 무엇이었습니까?

조　강원FC의 구단주인 최문순 강원도지사(도·시민구단은 지방자치단체가 대주주이기 때문에 지방자치단체장인 도지사 또는 시장이 당연직 구단주를 맡음)에게서 최초로 제안을 받은 시기는 2015년 말 아니면 2016년 초였던 것으로 기억됩니다. 처음에는 긴가민가 싶기도 하고 별로 내키지도 않아서 고사를 했어요. 프로야구단으로 갈 때와 마찬가지로 가족들의 반대도 있었죠. 강 작가도 대략 알겠지만 강원FC의 상태는 엉망이었고, 1부 리그(K리그 클래식) 팀도 아니고 2부 리그(K리그 챌린지)에서도 하위권에 떨어져 있었고요. 축구라는 종목의 인기가 야구에 비해 한참 떨어지는 것도 사실이잖아요.

강 그런데도 불구하고 결국 수락하시게 된 이유는 뭐였죠?

조 도지사님을 만나서 이야기를 나누었는데, 도지사님의 눈빛을 보니 마치 맑고 푸른 호수를 보는 것 같은 느낌이 들면서 신뢰를 가지게 되었어요. '그래, 낮은 곳으로 임하자'라는 생각이 들더군요. 교보생명으로 이직할 때도 그랬고 히어로즈에 갈 때도 문제 해결자의 역할을 맡았었잖아요. 이미 해본 일인데 한 번 더 해보는 게 뭐가 어렵겠어요. 저의 도움이 더 필요한 곳으로 가고 싶었고, 어린 시절에 축구를 가장 좋아했던 추억도 있어서 새롭게 도전해보고 싶다는 생각을 하게 됐습니다.

강 새로운 도전을 워낙 좋아하는 분이라 두려움은 없었겠지만, 걱정스러운 부분도 많았을 것 같은데요?

조 강 작가도 축구계에 문제가 많다는 이야기 많이 들었죠?

강 축구는 직접 경험해보지 않았지만, 야구계에 문제가 많은 것은 겪어봐서 잘 압니다. 야구보다 축구가 더 심각하겠죠?

조 당연하죠. 야구보다 훨씬 심각해요. 나중에 자세히 이야기하겠지만 강원FC의 상황은 특히나 심했죠. 그냥 2부 리그 팀이 아니고 온갖 말썽의 집합소라고나 할까…….

강 하하하, 궁금증이 심하게 드는데 순서상 잠시 미뤄둬야 할 것 같습니다.

조　조금만 기다려 봐요. 별별 스토리가 다 있는데 차차 풀어드릴게요.

강　스포츠라는 영역 내에서 종목을 바꿔 새로운 도전에 나선 셈인데, 같은 프로스포츠지만 야구와 축구는 다른 점이 상당히 많을 것 같습니다.

조　공통점도 있지만 차이점이 정말 많습니다. 가장 먼저 이야기하고 싶은 것은 '야구는 게임이고 축구는 전쟁이다'는 것이에요.

강　살짝 이해가 됩니다. 야구장만 다니다가 오랜만에 축구장에 가보고 전투적인 분위기에 깜짝 놀랐어요. 야구장에서는 서로 다른 팀을 응원하는 팬들이 나란히 앉아서 볼 수 있는 분위기가 형성됐지만 축구장에서는 거의 상상도 못할 일이더라고요.

조　축구장 분위기가 왜 전투적일 수밖에 없는지 설명드릴게요. 야구는 월요일만 빼고 매일 경기가 열리잖아요. 그렇기 때문에 오늘 박살나게 깨지는 경기를 보고 열이 받아도 '그래, 내일 이기면 되지'라고 생각하고 넘어갈 수가 있어요.

강　맞습니다. 저도 지는 경기 보고 열받아서 다음날 다시 야구장 쫓아갔던 기억이 많죠. 또 열받아서 돌아오는 경우도 많았지만…….

강원FC 대표이사 취임식

조　반면에 축구는 일주일에 한 경기, 많아야 두 경기가 고작입니다. 홈경기는 2주일에 한 번 정도 열리고요. 그러니까 한 경기 지고 나면 내상內傷을 회복하는 데에 최소 일주일이 걸리는 겁니다. 4연승을 하면 한 달 동안 행복해지고, 4연패를 하면 한 달 동안 열받은 상태가 지속되는 거죠. 이런 이유 때문에 축구는 전쟁의 성격을 가지게 되고, 응원의 양상도 흥겨운 놀이 같은 야구와는 달리 전투적일 수밖에 없어요.

강　충분히 이해됩니다. 경기가 자주 열리지 않는다는 측면 때문에 일정 수준 이상의 성적을 내야 할 필요성이 야구보다 강하겠군요.

조　경기 자체의 성격에도 차이가 있습니다. 야구는 정적인 상태가 오래 유지되다가 잠깐 폭발적으로 상황이 발생하는 반면, 축구는 끊임없이 움직임이 일어나잖아요. 팬의 입장에서 보면 야구는 눈을 뗄 여유시간이 많은 반면 축구는 눈을 뗄 틈이 없죠. 이런 점들도 응원 문화의 차이에 영향을 미치게 돼요.

강   선수 거래 시장의 폭이 야구보다 축구가 훨씬 넓다는 것도 주요 차이점 중의 하나로 꼽을 수 있을 것 같습니다.

조   맞아요. 야구는 선수 거래를 할 수 있는 대상국이 제한적이고, 한국 선수가 진출할 수 있는 시장은 미국과 일본 정도에 불과합니다. 우리가 수입하는 입장에서 생각해도 대상국이 불과 몇 나라 되지 않죠. 반면에 축구의 경우는 한국 선수를 팔 수 있는 시장이 아주 다양합니다. 유럽도 빅 리그와 중소 리그로 구분되고, 일본, 중동, 동남아 등등 선수 수준에 따라 진출할 수 있는 리그가 엄청나게 많아요. 우리가 선수를 수입할 수 있는 나라도 아주 다양하고요. 선수 거래와 관련된 비즈니스에서는 야구보다 축구가 할 수 있는 일이 훨씬 더 많죠.

강   두 종목의 차이에 대한 이야기는 마무리하고, 이직의 계기와 관련된 이야기로 잠시 돌아갈까 합니다. 히어로즈 구단 내부의 갈등 때문에 뛰쳐나오신 것이 아닌가라는 추측도 있는데 맞습니까?

조   그때까지만 해도 사람들이 추측하는 갈등 때문에 떠난 것은 아니었지만, 다소간의 의견 불일치가 있었던 것은 사실입니다. 처음엔 강원FC 사장과 히어로즈 단장을 겸임할 생각을 했거든요. 그런데 저의 가족이 변수로 작용했죠.

강   가족이 변수로 작용했다고요?

조   가족 중에 총선에 출마하려는 사람이 있었는데, 이장석 대표는 그걸 마땅치 않게 생각했어요. 가족의 총선 출마와 저의 거취는 별 개의 문제라고 생각했는데, 이장석 대표는 둘 중 하나를 택하라고 하더군요. 죽음의 고비를 넘기고 나서 인생에서 가치 있는 것으로 가족을 꼽게 되었다고 전에 이야기했잖아요. 그래서 가족의 의사결 정을 우선적으로 택했고, 히어로즈 단장직을 사임하기로 결정했습 니다. 저는 여전히 히어로즈의 주주이기 때문에 언제 어떤 식으로든 다시 돌아가게 될 거예요.

스포츠에는 정파가 없다

강   조 대표님의 정치적 성향은 저와 마찬가지로 보수인 것으로 알 고 있습니다. 부인께서는 바른정당 대변인으로 계시고요. 최문순 도 지사는 진보계열인 현 여당 소속인데, 그런 면에서 문제는 없었습 니까?

조　스포츠에서는 정치적 중립이 정말로 중요합니다. 최문순 도지사님이 어느 정파政派에 속해 있는가는 저한테 아무 상관이 없어요. 스포츠에 대한 이해가 있느냐 없느냐가 중요한 것이죠. 보수 정당 소속 지방자치단체장이라도 스포츠를 이해하지 못하는 사람과는 함께 일할 수 없는 노릇입니다. 그리고 최문순 도지사님이 축구단 경영을 맡아달라고 했지 같이 정치하자고 한 것은 아니잖아요.

강　도지사님이 자기 사람을 강원FC에 심으려고 하는 일은 없죠?

조　구단 인사에 대해서 개입하는 일은 일절 없어요. 구단 경영에 대해서는 저한테 일임하셨고, 도와주실 일이 있으면 뒤에서 묵묵히 지원만 해주시죠. 도지사님이 잘 이해하고 적극적으로 도와주시니까 강원도 의회의 태도도 차츰 바뀌더라고요. 1부 리그(K리그 클래식)로 승격한 이후에는 축구에 대한 올바른 이해가 도의회 전반에 확산되면서 전향적인 방향으로 가고 있습니다.

강　어느 시민구단의 구단주인 지방자치단체장의 사례가 떠오릅니다. 축구에 대한 전문성도 없는 자기 사람들을 잔뜩 심어놓고 축구단을 정치적인 목적으로 한껏 이용해먹더니, 효용가치가 떨어졌다 싶으니까 속된 말로 쌩까버렸잖아요. 그 구단이 이후 어떻게 됐는지 축구팬들은 잘 아실 겁니다.

조　최문순 도지사님은 확실히 다르다고 자신 있게 이야기할 수 있습니다. 강원FC를 정치적 목적으로 이용하려고 하는 것을 본 적이 있나요?

강 그런 일은 전혀 기억이 나지 않습니다.

조 최문순 도지사님은 스포츠에 대한 이해도가 높으면서도 전면에 나서려고 하지는 않습니다. 그리고 아주 겸손하세요. 어떤 사람들은 겸손이 아니라 가식이라고 말하기도 하지만, 제가 겪어 본 바로는 진짜 겸손한 분인 것 같아요. 고개를 숙여야 할 때는 조금의 망설임도 없이 고개를 숙이고요.

강 위에서 언급한 시민구단이 시의회에서 예산 삭감을 당해서 지금 어려운 상황에 처해 있는데, 시의회의 다수를 차지하고 있는 현 야당 소속 의원들을 탓하는 팬들이 제법 있습니다. 저는 그것이 완전히 잘못된 관점이라고 봐요. 문제의 본질은 시장의 잘못된 처신이었죠. 시장이 개인의 정치적인 목적을 위해 축구단을 이용하는 상황에서 시의회가 그런 반응을 보이는 것은 당연한 일이 아니겠습니까?

조 맞아요. 강원도의회의 경우도 야당이 다수를 차지하고 있지만, 여당 소속의 최문순 도지사님이 강원FC와 관련해 추진하는 일에 적극 협조하고 있단 말입니다. 이것은 도지사님이 진정성을 가지고 사심 없이 일했기 때문에 가능했던 일이죠.

강 조 대표님도 읽어 보신 『싱가포르에 길을 묻다』를 출간한 직후

강원FC 구단주인 최문순 도지사와 함께 한 모습

의 일입니다. 그 책을 읽어 본 제 친구 하나가 이런 말을 하더라고요. "강승문은 좌파다"라고.

조 하하하, 강 작가 성향을 익히 알고 있는 저한테는 정말 의외의 반응이네요.

강 제 책을 읽은 독자들이 블로그에 남긴 서평들이 꽤 있는데, 그 중에 가장 인상 깊었던 것은 이런 내용이었어요. "저자는 우파고 나는 좌파이지만, 이념을 넘어 실용주의라는 접점에서 만날 수 있어서 정말 반가웠다. 뻣뻣했던 사고가 한층 부드러워지는 경험을 했다."

조 좋은 현상입니다. 책을 통해서 누군가의 사고를 유연하게 만들 수 있었다면 정말 뿌듯했겠네요. 그것이 가능했던 이유는 강 작가의 사고가 예전보다 유연해져서 좌우를 넘나들 수 있게 되었기 때문이 아닐까 싶어요. 이제는 내 편, 네 편을 갈라서 벽을 쌓아서는 안 될 세상입니다. 서로 다른 생각과 경험을 가진 사람들이 힘을 합쳐서 더 좋은 것을 만들어가야죠. 그런데 어디나 마찬가지이지만 스포츠계에서도 편을 나누고 파벌을 형성하는 일이 여전히 많다는 것이 참 안타까워요. 강 작가는 시오노 나나미의 『로마인 이야기』읽어 봤죠?

강　그럼요. 수많은 책들 중에 딱 하나만 골라서 추천하라고 하면 주저 없이 꼽는 것이 『로마인 이야기』입니다. 시오노 나나미는 저에게 작가로서의 롤 모델roll model이고, 그 분이 쓴 책은 거의 다 읽었죠.

조　로마제국이 판도를 넓히는 과정에서 싸울 때는 치열하게 싸웠지만, 일단 전쟁이 끝나면 피정복자들을 과감히 포용했잖아요. 피정복자의 지배자들을 로마의 지배계급으로 편입했고, 피정복자들에게 단계적으로 로마 시민권을 부여했고요. 심지어 그들이 믿는 신神까지도 받아들였죠.

강　로마의 다신교多神敎가 지금까지 살아남았으면 정말 재미있었을 것이라는 생각을 많이 합니다.

조　그런 포용, 달리 표현하면 관용이 있었기 때문에 로마제국은 찬란한 문명을 건설할 수 있었습니다. 그런데 로마제국이 망한 이후

중세에 접어들자 포용의 가치가 사라지면서 서구세계는 암흑기에 빠져들게 되죠. 제가 경영의 제1원칙으로 삼는 것이 바로 '인간에 대한 사랑'이고, 사랑은 포용과 관용 없이는 불가능한 것이에요.

강　전적으로 공감합니다. 제가 4년 전쯤에 읽었던 법륜 스님의 책을 최근에 다시 펴보았거든요. 처음 읽었을 때는 시큰둥한 반응을 보였었는데, 몇 년이 지나서 다시 보니까 완전히 다른 느낌을 받았어요. 법륜 스님의 말씀에 여러 면에서 공감이 되었지만, 여기서 언급할 것은 "부족한 대로 껴안고 가자"는 대목입니다.

조　좋은 말씀을 하셨네요. 세상에 완벽한 사람은 없고 나름의 장점과 부족한 점이 있기 마련이죠. 서로 포용해야 모두의 장점을 끌어낼 수 있다는 취지로 이해됩니다.

상상 이상의 난맥상과 잃어버린 미션

강　다시 본론으로 넘어가 보죠. 최문순 도지사님이 조 대표님에게 영입 제안을 하면서 주문한 것은 무엇이었습니까?

조　최문순 지사님이 이런 말씀을 하셨어요. 강원도에는 두 개의 애물단지가 있는데, 하나는 강원FC고 또 하나는 평창 알펜시아다.

강 하하하, 정말 정확한 말씀이셨네요. 그중 강원FC와 관련해서 도지사님이 말씀하신 것은 무엇이었나요?

조 1부 승격이고 뭐고 다 필요 없으니 경영 정상화만 시켜달라고 하시더라고요.

강 아까 온갖 말썽의 집합소라고 표현하신 것이 기억납니다. 강원 FC의 상황이 구체적으로 어땠기에 도지사님이 오직 경영 정상화만 주문했습니까?

조 업무가 아예 진행이 안 되는 상황이었어요. 얼마 되지 않는 수의 직원들 사이에서 불신이 팽배해 있더라고요. 어느 한 사람이 대화하면서 녹취를 뜨기 시작하니까 그걸 알게 된 다른 직원들까지 너나 할 것 없이 녹취를 뜨고 있는 겁니다.

강 정말 믿을 수 없는 사람을 상대할 때 방어책으로 가끔 녹취라는 수단을 쓸 수는 있겠지만, 조직 전반에 그런 현상이 퍼졌다는 것은 정말 심각한 문제네요.

조 그런 상황에서 서로 불안해서 무슨 일을 하겠어요. 그리고 10명 정도에 불과한 직원들 사이에서 크게 두 개의 파벌이 형성이 돼 있다가 다시 분파分派가 생겼고, 파벌 간에 서로 싸우고 있는 상황이었죠. 뒤에 간략하게만 이야기하겠지만 여러 가지 부조리가 심각하게 퍼져 있었고요. 세세한 내막을 이야기하기는 곤란하지만 구단이

5퍼센트 법칙

80

여러 건의 소송에 휘말려 있기도 했습니다.

강 온갖 말썽이란 말썽은 다 있었군요.

조 그리고 제가 부임하기 약 3개월 전에 전임 대표가 물러나면서 리더십 공백 상태가 이어지고 있었습니다. 그러다 보니 직원들은 살아남는 것에만 골몰하고 있더군요. 그런데 지금까지 말한 것들 못지 않게 심각한 문제가 있었어요.

강 그건 뭡니까?

조 강원FC가 창단하면서 내세웠던 슬로건이자 미션이 '그레이트 유니온Great Union'이잖아요. 강원도민의 구심점 역할을 하겠다는 의미였죠. 'Great Union'에서 큰 영감을 받은 것이 강원FC 대표직을 수락하게 된 주된 이유 중 하나로 작용했어요.

강 제가 조사해 보니 강원도에는 18개 시·군이 있고, 인구는 약 156만 명이며, 광역지방자치단체 중에 두 번째로 면적이 넓더군요.

조 가장 넓은 광역지방자치단체가 경상북도라는 것을 모르는 사람들이 꽤 있을 것 같습니다만, 강원도의 면적 또한 만만치가 않죠. 워낙 넓다 보니 생활권도 나뉘어져 있잖아요. 크게 보면 영동지방(강릉, 속초, 양양, 고성, 삼척, 동해), 영서북부지방(춘천, 화천, 인제, 양구, 홍천, 철원), 영서남부지방(원주, 태백, 횡성, 평창, 영월, 정선)으로 나눌 수 있겠죠. 넓은 지역에 적은 인구가 퍼져 있기 때문에 도민들을 결집시킬 구심점이 다른 광역지자체보다도 더욱 절실히 필요합니다. 구심점으로서 가장 유용한 수단이 될 수 있는 것은 바로 스포츠겠죠.

강 동감합니다. 강원도 내의 프로스포츠 구단으로는 강원FC 외에 원주를 연고로 하는 동부 남자농구단과 춘천을 연고로 하는 우리은행 여자농구단 정도가 있는데, 사실 그 둘은 강원도민을 대표하는 구단이라고 하기에는 무리가 있어 보이죠.

조 강원도에 18개 시·군이 있는데 마침 프로축구 경기의 엔트리가 18명이에요. 18명의 선수가 그라운드에서 힘을 합쳐 승리를 위해 뛰는 것이 강원도 18개 시·군의 위대한 연합을 상징하는 의미가 있죠. 그것이 바로 강원FC의 설립 취지였습니다.

강 18이라는 숫자가 또 그렇게 연결이 되는 것이 신기하네요.

조 그런데 강원도민의 구심점이 되겠다는 원대한 미션을 내세우고 창단한 강원FC가 그 미션을 제대로 수행하지 못하고 있었다는 것은 정말 큰 문제였어요. 미션을 잃은 조직은 그 존재 이유가 없는 것이잖아요. 잃어버린 미션을 되찾아 뭔가 기여를 해야겠다는 사명감이 제가 강원FC에 오게 된 가장 중요한 이유입니다.

싸늘한 반응

강　부임 이후 팬들과의 접촉을 많이 하신 것으로 아는데, 그 과정에서 어떤 반응들이 많았습니까?

조　"왜 경기장에 오시지 않습니까?"라고 질문을 하면 "만날 지는 것을 뭐 하러 보러 가냐"는 대답이 많이 돌아왔죠. 사실 승리하는 것을 보기 위해서 경기장에 간다는 의견에 대해서는 반박을 하고 싶지만 그냥 미소 짓고 말았죠. 왜 반박을 하고 싶었는지는 나중에 더 이야기합시다.

강　팬들 입장에서는 그런 반응을 보일 만도 했죠. 창단 이후 하위권에서만 맴돌다 승강제가 실시된 첫해에 2부 리그(K리그 챌린지)로 강등되어 3년째 머물고 있었고, 2부 리그에서조차 하위권에 떨어진 상태였으니까요.

조　위대한 연합의 매개체는 고사하고 강원도 예산만 잡아먹는 애물단지로 여겨지던 분위기였음은 부인할 수가 없습니다.

강　조 대표님 개인에 대한 팬들의 반응은 어땠습니까?

조　싸늘했죠. 악수를 청해오는 사람도 거의 없었고, 제가 먼저 인사를 해도 눈빛으로 '대체 넌 뭐지?'라는 메시지를 전달하는 느낌을 많이 받았어요. 사실 신뢰를 얻기 위해서는 시간이 필요한 법이고, 대략 3년에서 4년이 걸릴 것이라 예상했습니다. 그런데 개인적으로 큰 핸디캡이 하나 더 있었어요.

강 무슨 핸디캡입니까?

조 저는 서울이 고향이고, 강원도민들의 입장에서는 외지인이잖아요. 도민들로부터 신뢰를 얻어가는 과정에서 외지인이기 때문에 갖는 핸디캡이 적지 않았죠.

강 쉽지 않은 과정이라고 예상했다 하더라도 속상할 때가 많았을 것 같습니다.

조 솔직히 멘탈이 붕괴될 때가 많았죠. 누구라고 콕 집어서 이야기하기는 곤란하지만, 강원도 내의 기관장이나 스폰서의 최고책임자 중에서 만나려고 아무리 애를 써도 만나주지 않는 분들이 있었어요. 비서를 통해서 약속을 잡으려고 수없이 시도하다가 도저히 안 돼서 다짜고짜 쳐들어가 만나기도 했습니다. 지금도 연락조차 피하는 사람들이 있어요.

강 어휴, 자존심 상할 때가 많았겠습니다.

조 정말 많았죠. 어떤 때는 '내가 너무 순진하게 사명감만 앞세웠나?'라는 생각이 들기도 했고요. 그렇지만 그것조차도 공부하는 과정이라 생각하고 즐거운 마음을 유지했습니다.

강   시간이 지나고 나서 분위기가 어떻게 바뀌었습니까?

조   1부 리그(K리그 클래식)로 승격한 후에는 먼저 와서 인사하는 분들이 많이 생기더라고요. 그렇지만 아직도 냉담한 반응을 보이는 사람들이 많습니다.

강   강원FC에 부임하시게 된 이유는 거의 다 설명하신 것 같은데, 재임 기간의 단계별로 설정한 목표는 무엇이었습니까?

조   처음 대하는 종목이다 보니까 현황 파악이 우선이었고, 직원들에게 무슨 억울한 상황들이 있었는지 많은 대화부터 할 생각이었어요. 그 후에 문제 해결을 위한 단계별 목표를 수립하려 했습니다.

강   그런 과정을 거친 후에 세운 연도별 목표는 무엇이었습니까?

조   냉정하게 보면 2부 리그에서도 하위권에 떨어져 있고 온갖 말썽으로 얼룩진 구단이 1부 승격을 목표로 한다는 것은 말이 안 되는 일이었거든요. 솔직히 3년 임기 내내 경영 정상화에만 매달리다 끝날 거라고 생각했죠.

강   경영 정상화에만 3년을 꼬박 매달려야 할 것이라 생각하셨다니 웃어야 할지 울어야 할지 모르겠습니다. 경영 정상화를 추진하면서 파란만장한 사연들이 많았을 것 같습니다.

조   정말 많죠. 잠시 쉬었다가 하나씩 풀어보도록 할까요?

강   좋습니다. 기대가 됩니다.

Chapter 4

1부 리그 승격의 비결

위대한 기업으로 도약한 회사의 경영자들은 버스를 어디로 몰고 갈지를 먼저 결정하고 버스에 사람들을 태운 것이 아니라, 적합한 사람들을 버스에 태운 후에 버스를 어디로 몰고 갈 것인지를 결정했다는 겁니다. 부적합한 사람들은 버스에서 내리게 하고요. 조 대표님이 강원FC에서 하신 일도 짐 콜린스가 『좋은 기업을 넘어 위대한 기업으로』에서 이야기한 그런 일들로 볼 수 있겠습니다.

버스에서 내릴 사람을 골라내다

강　다시 이야기를 이어가겠습니다. 3년 내내 경영 정상화에 매달리게 될 것이라 예상하셨는데, 제일 먼저 어떤 일에 착수하셨는지 듣고 싶네요.

조　복잡하게 얽힌 문제를 풀어가기 위해서는 정공법을 써야 해요.

강　전적으로 동의합니다. 저의 평소 신조도 그렇습니다.

조　그런 차원에서 제일 먼저 한 것이 구단 내의 법적 문제에 대한 검토였죠. 그런데 강원도 지역의 변호사에게 의뢰할 경우 당사자들과의 유착이 일어날 우려가 있단 말이에요. 그래서 객관적인 입장에서 볼 수 있는 서울의 유명 법무법인에 의뢰를 했어요. 심도 있게 검토를 해 보니 배임과 횡령 등 법적으로 문제될 사안들이 있었음에도 불구하고 개선하려는 과정은 전혀 없었습니다.

강　배임과 횡령이라면 어떤 양상이었습니까? 프로축구에서 흔한 외국인 선수와 관련한 비리였나요?

조　자세한 이야기를 다 털어놓기는 어렵다는 점을 양해해 줬으면 좋겠네요.

강　궁금하지만 조 대표님이 자세히 말씀하시지 못하는 입장을 고려하여 더 이상의 질문은 하지 않도록 하겠습니다. 그런 문제들은 어떻게 결말이 났습니까?

조　형사상 고소·고발까지는 가지 않고 해당 직원이 자진해서 사표를 쓰는 것으로 마무리했어요. 그 정도 수위로 정리하는 것이 적절하다고 보았죠.

강　정당하지 못한 방법으로 입단한 선수들을 정리하셨다는 이야기도 들은 기억이 있습니다.

조　맞아요. 자세히 언급하기는 어렵지만, 프로와 아마를 막론하고 한국 스포츠계에서 스카우트와 관련한 비리가 많다는 것은 강 작가도 알고 있죠?

강　대략적으로는 알고 있습니다.

조　선수들끼리는 공 몇 번 같이 차 보면 프로에 입단할 자격이 있는 선수인지 아닌지 금방 압니다. 자격이 모자라는 선수들이 자리를 차지하고 있으면 프로에 올 실력이 있는 선수들이 입단 기회를 잃게 되는 것이죠. 실력으로 경쟁해서 도태되는 것이야 어쩔 수 없지만, 부당하게 기회를 잃는다면 정말 억울할 노릇이잖아요. 그런 억울함을 해소하기 위해서는 정당하지 못한 방법으로 입단한 선수들을 내보내야만 합니다.

강 조 대표님 말씀을 듣다 보니 짐 콜린스가 쓴 『좋은 기업을 넘어 위대한 기업으로』(원제 Good to Great)가 떠오릅니다.

조 잘 알죠. 경영서의 고전으로 꼽히는 책이잖아요. '좋은 기업'의 단계를 넘어 '위대한 기업'으로 발전한 회사들을 엄선해 그 공통점을 연구한 결과물로 기억합니다.

강 맞습니다. 그 책의 내용 중 사람과 관련된 대목을 살펴보죠. 짐 콜린스가 처음에 세운 가설은 "회사의 새로운 방향, 즉 새로운 비전과 전략을 세우고 사람들을 그 방향에 헌신하게 했을 것이다"였어요. 그런데 정작 연구에 착수해 보니 가설과는 정반대의 분석결과가 나왔습니다.

조 "비전과 전략보다 사람이 먼저다"라는 내용이었죠?

강 그렇습니다. 위대한 기업으로 도약한 회사의 경영자들은 버스를 어디로 몰고 갈지를 먼저 결정하고 사람들을 태운 것이 아니라,

적합한 사람들을 먼저 태운 후에 버스를 어디로 몰고 갈 것인지 결정했다는 겁니다. 부적합한 사람들은 버스에서 내리게 하고요. 조 대표님이 강원FC에서 하신 일도 짐 콜린스가 이야기한 것처럼 부적합한 사람들을 버스에서 하차시킨 것으로 볼 수 있겠습니다.

조　적절한 비유인 것 같네요. 어떤 일이든 사람이 먼저죠. 적합한 사람들을 골라 버스에 태우면 좋은 곳으로 몰고 갈 방법은 어떻게든 만들어질 수 있습니다.

비결은 억울함과 한의 해소

강　직원들과 선수단 일부를 정리한 것 외에 경영 정상화를 위해 취한 조치는 무엇이 있었습니까?

조　부임일 며칠 후부터 시즌이 시작됐는데 바로 2연패를 당하더라고요. 사실 충분히 예견된 일이었죠.

강　어떤 점에서 그런 결과를 예견할 수 있었습니까?

조　가만히 지켜보니까 선수단 사기가 엉망이더라고요. 그래서 2연패당하는 기간, 그러니까 약 보름 동안 선수들 전원을 하나씩 불러서 면담을 진행했습니다. 선수들의 진솔한 이야기를 듣기 위해서 한 명당 최소 20분에서 30분을 할애했어요. 5분이나 10분 이야기해서 될 일이 아니었거든요. 선수들과 면담하다가 일과가 끝나곤 했죠.

강   면담을 통해 파악한 것은 무엇입니까?

조   받아야 할 돈을 못 받은 것 등등 각종 억울한 사연들이 많더라고요. 억울함이 많이 쌓인 조직은 되는 일이 없습니다. 그래서 억울함을 해소하는 작업에 착수하게 됐죠.

강   어떻게 억울함을 해소하셨습니까?

조   선수들의 이야기를 귀기울여 들어주는 것 자체가 첫 번째 해소책이었어요.

강   무슨 말씀인지 이해가 됩니다. 상대방의 하소연을 들어주는 것만으로도 억울함이 상당 부분 풀리죠.

조   그 다음에는 선수들의 구체적인 억울한 사연을 해결했고, 더 이상 억울함이 발생하지 않도록 구단 시스템을 정비하는 방향으로 나아가게 됐습니다. 그런 일련의 작업들을 해나가니까 선수들의 눈빛이 달라졌고, 곧바로 6연승을 달리게 되더라고요. 비록 2부 리그에서 거둔 것이지만 6연승은 구단 역사상 최다 연승 기록으로 남아 있습니다.

강　억울함을 풀어주고 마음의 문을 여는 것이 정말 큰 효과를 가져온 것이네요.

조　저의 부임 첫해인 2016년 시즌은 억울함을 풀어가는 과정이었다고 할 수 있어요. 누군가 1부 리그(K리그 클래식) 승격의 비결이 무엇이었냐고 물어온다면 저는 "억울한 사람들의 한을 풀어주었기 때문"이라고 답을 할 겁니다.

강　기업 경영에서 흔히 간과되지만 정말로 중요한 것이 구성원들의 마음을 얻는 일인 것 같습니다.

조　제가 부임 첫해에 했던 일을 요약하자면 크게 두 가지로 나눌 수 있습니다. 프런트 직원들, 선수들, 감독 등등 함께 일하는 사람들의 이야기를 경청하고 그들의 상처를 어루만져 주는 것이 첫 번째였죠. 다음으로는 그것을 해결하기 위해 어떤 시스템 차원의 작업이 필요한지에 대한 고민이었어요.

강　시스템 차원에서 착수한 일은 구체적으로 어떤 것이었습니까?

조　선수단과 관련한 작업부터 먼저 개시했어요. 미지급된 돈들의 우선순위를 정해 자금 흐름에 맞추어 최대한 조속히 집행했고, 향후 다른 구단보다 자부심을 가질 수 있도록 보상 시스템을 손질했습니다. 선수 스카우트와 관련한 절차도 시스템을 정비해서 부조리가 발생할 여지를 완전히 제거했고요. 그리고 현장의 자율성을 보장하기 위해서 감독에게 가급적 대표의 생각이 들어가지 않도록 했죠.

강   감독의 자율성을 말씀하시니까 드리는 질문입니다. 히어로즈 단장 시절에는 거의 모든 경기를 챙겨보셨던 것으로 아는데, 강원 FC에서도 경기를 모두 현장에서 관전하십니까?

조   아니요. 경기장이나 클럽하우스club house에 출입하는 것을 극도로 자제하고 있어요. 히어로즈 시절에는 이장석 대표가 경기장에 있으니 보좌해야 할 단장 입장에서 함께 본 것이고, 만약 제가 야구단 대표가 된다면 감독의 자율성을 보장하기 위해 가급적 현장에서 관람하는 것을 자제할 것입니다. 단, TV 중계는 자세히 보겠죠. 구단 대표가 자꾸 감독과 마주치면 쓸데없는 말이 나올 수 있거든요. 감독에게 "그때 그 작전은 잘못된 것 아닌가?" 내지는 "왜 A선수를 기용하지 않고 B선수를 기용했느냐?"는 식의 말을 무심코 내뱉으면 감독은 큰 상처를 받게 되죠. 그래서 경기장에 안 가겠다고 선언했고, 귀빈 방문 등 제가 꼭 있어야 하는 상황이 아닌 이상 현장에서 경기를 보지 않아요. 관중석에 대표가 앉아 있으면 감독은 뒤통수가 근질근질하고 자꾸 눈치를 보게 될 겁니다.

강   야구에 문외한인 프로야구단 사장이나 단장이 선수기용에 간섭하면서 트러블을 일으켰던 사례가 많았었죠. 하지만 감독이 상식 이하의 선수단 운영을 해서 팀을 망가뜨리는데도 프런트가 방관으로 일관하는 것도 직무유기라고 생각합니다. 이 양극단 사이에서 균형을 잡는다는 것이 결코 쉽지 않은 일로 보이는데, 이에 대한 조 대표님의 생각은 어떻습니까?

조 사실 어려운 일이 아닌데 관행으로 인해서 어렵게 되었을 뿐이에요. 프런트의 고유 권한이 분명히 존재하고, 프런트와 현장의 역할은 명확하게 구분되어야 합니다. 후에 더 이야기하겠지만 이 부분에 대해서는 최윤겸 감독과 업무 분장에 대해 정확하게 선을 긋고 실행했죠.

강 선수단과 관련한 시스템 정비는 대략 정리가 된 것 같은데, 프런트와 관련해서는 어떤 일을 하셨습니까?

조 선수단이 시급한 우선순위였고, 프런트 정비는 장기 과제로 보고 차근차근 해나갔어요. 취임 직후에 세 가지 경영 원칙을 천명하고 그 원칙에 어긋나는 것들을 하나씩 바로잡아 갔습니다.

강 세 가지 경영 원칙이 무엇입니까?

조 첫째는 원칙 경영입니다. 그동안 원칙에 어긋나게 벌어진 일들이 너무나 많았는데, 앞으로는 원칙에 맞게 해야 한다고 강조했죠. 둘째는 화합 경영입니다. 우리의 경쟁상대는 다른 구단이지 우리 스스로가 아니니까 이전처럼 파벌을 나눠서 싸우지 말고 화합해야 한다고 역설했어요. 셋째는 보안 경영입니다. 구단과 관련한 언론 보도는 홍보팀이라는 단일 채널을 통해서 나가야 하는데, 홍보팀장 이외의 직원들이 기자들을 만나서 구단과 관련한 이야기를 흘리는 경우가 많았거든요. 그래서 앞으로 모든 언론 보도는 홍보팀을 통해서만 나간다고 못박았죠.

강   그 말썽 많던 조직에 조 대표님이 내세운 경영 원칙이 금방 정착되지는 않았을 것 같습니다.

조   쉽게 됐겠어요? 교육과 면담 등을 통해 정착시키는 데에 험난한 과정과 오랜 시간이 걸렸죠. 그리고 기존 조직의 경직성을 풀어내기 위해서는 또 다른 수단을 동원해야 했어요.

강   또 다른 수단은 뭡니까?

조   새로운 피를 수혈하는 것입니다. 특정 개인의 일탈을 방지하고 조직에 활력과 건전한 경쟁의식을 불러일으키기 위해 신규 직원을 채용했죠. 10명 규모의 프런트 직원 수를 20명 정도로 늘렸어요. 그랬더니 이전에 만연했던 부조리가 줄어들고 비용이 오히려 감소하더라고요. 파벌의 영향도 약화되었고요.

강   그 외에 경영 정상화와 관련한 이야기는 더 없습니까?

조   앞서 말한 소송 건들을 2016년 내에 다 해결했습니다. 승소한 건도 있고 합의하고 끝난 건도 있고요.

노력하는 자에게 찾아온 행운

강　구성원들의 마음을 어루만지고 시스템을 정비하면서 성과들이 많이 드러났을 것 같습니다.

조　아까 말했듯이 선수단에서 먼저 가시적인 효과가 보였죠. 그런데 또 다시 어려운 고비가 찾아오더군요.

강　작년 경기 기록을 대략 살펴보니까 6연승 이후에 다시 부진에 빠진 시기가 있었더라고요.

조　4월과 5월에는 연승 분위기로 정말 잘나가다가 6월이 되니까 성적이 신통찮았어요. 그때 최윤겸 감독의 눈빛을 보니까 뭔가 원하는 것이 있다는 느낌이 왔습니다. 그래서 이번에는 감독의 억울함 내지는 애로사항을 해결해 주자고 결심했죠.

강　하하하, 그래서 선수 보강에 나서셨군요.

조　그 시점에서 도전을 멈출 수는 없었고, 감독이 싸워 볼 수 있는 무기를 장착하도록 돕고 싶었어요. 마침 7월 한 달은 여름 이적시장이 열리는 시기예요. 그동안 프런트 시스템 정비를 통해 아껴두었던 돈을 풀어서 선수를 영입했죠.

강　그때 영입한 선수들이 주로 브라질 선수들이었죠?

조　맞아요. 전북에서 뛰던 스트라이커 루이스, 공격수 마라냥, 수비수 세르징요 세 명이었죠. 한국 선수로는 공격수 박희도가 있었습니다. 이때의 선수 영입은 활활 타오르다 꺼지려고 하는 불씨에 기름을 붓는 일이라고 생각했어요.

강　그런데 그 선수들을 영입한 후에도 한동안 성적이 별로였던 것으로 기억됩니다. 새로 영입된 선수들이 기존 선수들과 섞이는 과정에서 조직력에 문제가 발생한 겁니까?

조　그런 것이 아니었어요. 문제의 핵심은 루이스였죠.

강　루이스가 문제였다고요?

조　루이스는 나이가 들면서 체력과 운동능력이 떨어진 점은 있었지만, 전북 현대 시절의 활약을 통해 테크닉과 골 결정력 등의 능력이 충분히 검증된 선수잖아요. 경험도 아주 풍부하고요. 우리 팀의 해결사 역할을 해주어야 할 선수로 지목하고 영입했는데 태도가 문제가 된 겁니다.

강　태도라……. 인성 자체의 문제입니까?

조　그런 것이 아니에요. 루이스는 자유롭게 플레이하기를 원하는 스타일인데, 1부 리그 승격에 대한 압박을 느끼고 있던 최윤겸 감독은 선先 수비 후後 공격 전술을 쓰면서 전방 압박을 강조하고 있었죠. 선수가 하고 싶은 것과 감독이 원하는 것에 괴리가 많았던 것이고, 그러다 보니 루이스는 심리적 동요를 느끼면서 적극적으로 경기에 임할 마음이 줄어들고 경기력이 떨어졌던 겁니다.

강 그 문제가 어떻게 해결됐습니까?

조 고민하다가 제가 나섰죠. 관심과 사랑을 받으면 사람은 태도가 바뀌잖아요. 루이스가 사랑을 받는다는 느낌을 갖게 하려고 일을 벌였습니다. 어느 날 예정에 없이 경기 직전에 통역을 대동하고 루이스를 불렀어요. "난 너를 믿는다. 구단 대표로서 너의 능력을 신뢰하고 있으니 마음껏 펼쳐봐라"고 하면서 양복 안주머니에 준비해 두었던 금일봉을 전달한 겁니다. 믿는다는 말은 사람들에게 큰 힘을 주게 마련이거든요. 금일봉 액수가 몇 달러였는지 지금 정확하게 기억되지는 않지만, 돈은 프로선수에게 마음을 전달하는 유용한 수단일 뿐이지 액수가 중요한 것은 아니에요.

강 그 효과가 어떻게 나타났습니까?

조 그날 루이스가 결승골을 넣어서 1대0으로 이겼어요. 그때부터 루이스의 태도가 달라지면서 경기력이 올라왔고, 해결사가 제 몫을 하니까 팀 성적도 자연스럽게 좋아졌죠.

강 돈의 액수가 아무리 커도 기분 나쁘게 던져주면 역효과가 날수 있는데, 믿는다는 말씀과 결합되니까 금일봉의 약발이 진짜 제대로 먹혀들었네요.

조 그 사건이 있기 전까지만 해도 승강 플레이오프에 도전할 수있는 4위 이내에 들 가능성이 별로 없어 보였는데, 성적이 좋아지면서 희망이 보이기 시작했습니다. 그런 일들을 겪으면서 많이 배웠고, 언젠가 프로야구단으로 돌아가게 되면 정말로 우승팀을 만들 자신이 있어요.

강 충분히 그러실 수 있을 것이라고 믿습니다.

조 루이스가 변하면서 성적이 올라갈 무렵에 행운도 동반되더라고요.

강 안산 경찰청의 승격 자격 논란이 일단락된 것 말씀이십니까?

조 맞아요. 시즌 초반부터 안산 경찰청 축구단이 내내 선두를 달리면서 가장 유력한 승격 후보로 떠올랐죠. 그런데 2016년 말에 경찰청 축구단과 안산시와의 연고 협약이 종료될 예정이었고, 안산시는 새로운 시민구단을 창단하는 쪽으로 방침을 정했던 겁니다. 아시다시피 2017 시즌부터 경찰청 축구단은 충남 아산시에 둥지를 틀게되었고요.

강　그래서 새로운 연고지를 찾게 될 경찰청의 1부 승격 자격이 논란이 되어 우승을 하더라도 승격 자격을 인정하지 않는 것으로 결론이 났고, 연고지만 같을 뿐 새로운 구단인 안산 시민구단 또한 곧바로 1부 리그(K리그 클래식)에 진입시키지 않기로 했죠.

조　이로 인해 1부 승격 티켓이 한 장 늘어난 셈이 됐고, 강원FC에게는 큰 행운으로 작용하게 됐어요. 2017년 2부 리그 팀들의 면면을 보면 강원FC가 2부에서 다시 1부 승격에 도전했다면 과연 가능했을지 의문입니다.

한 편의 드라마와 같았던 1부 승격

강　시즌 후반에 들면서 강원FC는 탄력을 받아 선두권에 진입했습니다. 후반전 막판에 속칭 '극장골'이 유독 많이 터지면서 극적인 승리가 많았고요.

조　좋아진 팀 분위기를 상징적으로 나타내는 현상이었죠.

강　행운도 따랐지만, 이 무렵에 두고두고 강원FC를 괴롭힐 악재도 발생했던 것으로 압니다.

조　세르징요 선수의 위조 여권 사건 말씀이죠?

강　네. 그 사건의 정확한 진상이 궁금합니다.

조　강 작가는 잘 알겠지만, 한국 프로축구에서는 한 구단에 3명의 외국인 선수를 둘 수 있고 아시아 국적의 선수 1명을 추가할 수 있죠. 그것을 아시아 쿼터Asia quarter라고 합니다. 브라질 출신인 세르징요 선수는 브라질과 시리아의 이중국적을 가지고 있기 때문에 아시아 쿼터에 해당됐었어요. 세르징요는 할아버지가 시리아계이기 때문에 적법하게 이중국적을 취득했다고 주장했고요. 그런데 프로축구연맹에 등록할 때 제출한 시리아 여권이 위조된 것이라는 의혹이 제기된 겁니다.

강　강원FC가 이를 알고도 외국인 선수를 1명 더 쓰기 위해 꼼수를 부렸다는 비난이 쏟아졌던 것으로 압니다.

조　전혀 그런 것이 아니었어요. 처음부터 차례대로 짚어봅시다. 법무부 출입국관리사무소, 국제축구연맹FIFA, 주한 브라질 대사관, 프로축구연맹 등을 모두 무사통과한 여권을 구단에서 의심하고 영입하지 않을 수가 있나요? 그리고 위조 의혹이 불거지고 세르징요가 수사를 받는 상황이 되자 구단 자체적으로 출장 정지 조치를 내렸어요. 전에 제가 원칙 경영을 천명했다고 말했잖아요.

강　그런데 몇 경기 출장 정지를 시켰다가 다시 기용하지 않았습니까?

조 선수와 에이전트 측에서 "법원 판결이 나기 전까지는 무죄추정의 원칙을 지켜줘야 한다. 혐의만 가지고 출장 정지 조치를 내리는 것은 부당하다"고 항의가 들어온 거예요. 곧바로 법률 자문을 구했더니 선수 측 주장이 타당하고 무죄추정의 원칙을 지켜줄 수밖에 없다는 검토 의견을 받았죠. 그렇다면 비난을 받는 한이 있더라도 원칙대로 해야지 별 수 있겠습니까. 그래서 다시 경기에 출전시키게 된 겁니다.

강 결국 세르징요 선수의 여권이 위조되었다는 법원 판결이 나와서 추방 조치를 받았고, 향후 5년간 입국이 금지된 것으로 압니다.

조 내용을 파악해 보니 단순한 위조 여권이 아니었더라고요. 지금 시리아가 심각한 내전 상태에 빠져 있잖아요. 반군이 전쟁자금을 조달하기 위해서 여권발급 기계를 탈취해 여권 장사를 한 거랍니다. 정상적인 발급 기계로 만든 여권이니까 일반적인 위조 여권과는 달랐을 것이고, 그러니 출입국관리사무소에서도 무사통과됐겠죠.

강 정말 황당한 사건이었네요. 따지고 보면 선수가 구단에 거짓말을 한 셈인데, 헤어질 때 별 문제는 없었습니까?

조 서로 간에 악감정은 없었어요. 세르징요가 의도적으로 속이려고 했던 것은 아니었다고 봅니다. 축구선수들은 어릴 적부터 운동만 했기 때문에 그 외의 일들에 대해서는 잘 모르거든요. 세르징요는 한국을 무척이나 좋아했고, 추방당해 떠날 때 펑펑 울더군요. 영 마음이 편치 않았죠(세르징요 사건은 오랜 기간에 걸친 논란 끝에 2017년 9월 프로축구연맹이 강원FC에 3천만 원의 제재금을 부과하고 강원FC가 이의제기 없이 이를 수용함으로써 일단락됨).

강　다시 축구 이야기로 돌아가겠습니다. 한때 경찰청에 이어 2위에 오르면서 1부 직행의 가능성이 높아 보였지만 마지막 고비를 넘지 못했습니다.

조　맞아요. 1부 직행 티켓을 대구FC에게 넘겨줬고, 결국 정규리그를 4위로 마감해 준플레이오프까지 밀려버렸죠.

강　승강 플레이오프 과정은 실로 극적이었습니다. 5위 부산 아이파크와의 준플레이오프에서 경기 종료를 얼마 남겨두지 않고 결승골이 터졌고, 3위 부천FC와의 플레이오프에서는 후반 추가시간에 천금 같은 골이 터지면서 승리했거든요. 사실 준플레이오프는 비기기만 해도 상위팀인 강원FC가 올라가는 상황이라 결승골이 그다지 중요하지 않았지만, 부천FC와는 비겼다면 모든 것이 끝나는 상황이었습니다.

조　부천FC와의 경기에서 추가시간에 마라냥 선수가 결승골을 넣을 때는 정말 짜릿했죠.

강 이제 마지막으로 남은 것은 1부(K리그 클래식) 11위인 성남FC 와의 홈 앤드 어웨이 방식의 승강 플레이오프였습니다. 성남FC는 시즌 막판에 팀 분위기가 급전직하하면서 강등권으로 밀려나긴 했지만, 황의조, 김두현, 황진성, 박진포, 임채민 등 국가대표급 선수들이 다수 포진하고 있었습니다. 조 대표님은 성남FC를 꺾고 승격을 이룰 가능성이 얼마나 있다고 보셨는지요?

조 저는 항상 가능성에 대한 예측을 하지 않아요. 준비를 철저히 하고 결과를 기다리며 과정을 즐길 뿐입니다. 내가 가고자 하는 방향으로 혼신의 힘을 다하면 운도 따르더라고요. 정 안 되면 결과를 겸허하게 수용하면 되는 거예요.

강 홈에서 열린 1차전에서 골포스트를 한 번 맞추는 불운이 따르면서 0대0으로 비겼는데, 왠지 느낌이 나쁘진 않았습니다. 원정 2차전에서 득점 있는 무승부를 하면 원정 다득점 원칙(홈 앤드 어웨이 경기에서 승패와 골득실이 같을 경우 원정경기에서 많은 득점을 한 팀이 승리하는 방식)에 따라 승리할 수 있었기도 했고요.

조 마지막 2차전을 앞두고 제가 한 번 더 나섰어요.

강 이번에는 무슨 작업을 하셨습니까?

조 외국인 선수 4명(루이스, 세르징요, 마라냥, 마테우스)을 다 불렀어요. 결국 큰 경기에서는 주요 선수들이 해줘야 한다는 사실을 야구에서 배웠기 때문이죠. 그날도 양복 안주머니에 금일봉을 준비했습니다. 선수들에게 어떻겠냐고 물었더니 자신 있다는 답이 나오더군요. 제가 할 수 있는 말이 뭐가 더 있겠어요. "너희들을 믿는다. 우리 한번 해보자"라고 하면서 금일봉을 전달했더니 이 친구들이 엄청 좋아하더라고요.

강   하하하, 약발이 또 통했군요.

조   인간관계에서나 경영에서나 세심한 배려가 제일 중요하다고 저는 생각합니다.

강   성남 탄천종합운동장에서 열린 원정 2차전 날 저는 가족들을 모두 동반하고 조 대표님과 함께 현장에서 관전했었는데요. 조 대표님의 표정은 담담했고, 어떻게 될 것 같으냐는 질문에 '진인사대천명盡人事待天命'이라고 짤막하게 답변하셨습니다. 솔직한 심정은 어땠습니까?

조   할 수 있는 일을 다 했는데 담담하게 기다려야지 뭘 더 어떻게 하겠어요. 그리고 설령 졌다고 해도 저는 전혀 실망하지 않았을 겁니다. 중요한 것은 과정을 즐기는 것이니까요.

강   그날 경기는 운이 정말 많이 따랐던 것 같습니다. 전반전 중반까지만 해도 전력상 우위에 있는 성남FC의 맹공에 시달렸지만 실점 없이 잘 버텨냈고, 전반전 후반부에 선제골을 터뜨리면서 1대0으로 앞서 나갔죠. 두 골 이상 먹지만 않으면 되는 유리한 고지를 점령했는데, 이때의 느낌은 어땠습니까?

조　솔직히 기대가 되지 않았다면 거짓말이죠. 하지만 제 인생에 처음 경험하는 과정이라 이후에 어찌 될지는 생각도 안 했어요.

강　그런데 후반 32분 성남FC 황진성 선수에게 프리킥 동점골을 허용하면서 쫄깃한 상황이 되었습니다.

조　아무리 마음을 비우고 본다고 해도 조마조마하지 않을 수가 없죠. 한 골만 더 먹으면 끝장이잖아요. 진짜 속이 새카맣게 탔습니다. 15분 남짓한 시간이 왜 그렇게 길게 느껴지는지…….

강　후반전 막판에 성남 임채민 선수가 경고누적으로 퇴장당하면서 지지 않는다는 확신을 가질 수 있었습니다. 후반 추가시간에는 주심의 휘슬이 울리기만 초조하게 기다리면서도 작가로서의 직업 정신이 발동해서 틈틈이 조 대표님의 표정을 살펴봤죠. 경기가 거의 끝나갈 무렵부터 울먹울먹하던 모습이 지금도 눈에 선합니다. 실로 만감이 교차했을 것 같은데요?

조　부임하고 불과 8개월 만에 1부 리그(K리그 클래식) 승격을 해냈다고 생각하니 진짜 눈물이 나더라고요. 감독과 선수들에게 무한한 사랑을 보냈고, 저 역시 그런 과정에서 정말 행복했죠. 2부 리그에서 1부 리그로 승격을 했을 뿐이지만, 프로야구 단장 시절 한국시리즈

5퍼센트 법칙

에 진출했을 때보다 훨씬 더 기뻤습니다.

강　승격이 확정되고 나서 선수들이 조 대표님을 헹가래 칠 때 기분이 어땠습니까?

조　이루 말할 수가 없죠. 인생에 한 번 있기가 어려운 일인데, 그 기분은 경험한 사람만이 알 수 있을 거예요.

강　저도 몇 번 경험해 봐서 잘 압니다. 그런데 그때 조 대표님의 모습을 보면 특이한 점이 있었어요.

조　뭔데요?

강　사람은 위로 던져지면 본능적으로 추락의 공포를 느끼거든요. 그래서 몸이 경직되고 팔다리가 부자연스럽게 따로 노는 현상이 발생합니다. 그런데 당시 조 대표님은 전혀 그런 기색이 없이 자연스럽게 올라갔다 내려오더라고요.

조　하하하, 그때 저의 상태를 한 마디로 요약하면 무념무상無念無想 내지는 무아지경無我之境이었던 것 같아요.

강　그날 저녁에 다들 모여서 진하게 한 잔 했습니까?

조　당연하죠. 사전에 회식 자리를 마련해 두었어요. 만약 패했다

K리그 클래식 승격 직후 선수들이 조태룡 대표를 헹가래 치는 모습

면 위로의 자리가 됐을 테지만, 다행히 승격에 성공하면서 축하연이 될 수 있었습니다. 다들 감격해서 자축하고 화기애애한 분위기가 이어졌는데, 저는 그 즐거움이 불과 몇 시간 지속되지 않더라고요.

강　음……. 여기서부터 또 의미심장한 이야기들이 등장할 것 같습니다.

조　그날 밤과 다음날 새벽에 걸쳐 여러 가지 고민을 하게 됐는데, 자세한 이야기는 조금 쉬었다가 다시 하도록 합시다.

강　좋습니다.

5퍼센트 법칙

Chapter 5

상상력의 방아쇠를
당기다

우리 어렸을 때 생각을 해봐요. 전자제품은 소니Sony가 최고였고, 소니 워크맨Walkman이 선망의 대상이었잖아요. 그런 소니를 삼성전자가 잡을 것이라고 누가 상상을 했어요? 원대한 꿈은 하루아침에 이루어지는 것이 아니고 누군가가 상상력을 발휘해서 방아쇠를 당기는 것에서부터 시작되죠. 제가 아시아 챔피언스 리그 진출이라는 목표를 세운 것은 그런 원대한 꿈을 실현시켜 나가는 출발점을 만들기 위한 것입니다.

승격 공신들과의 가슴 아픈 이별

강 1부 승격 축하연을 마치고 밤새 어떤 고민을 하셨습니까?

조 과연 지금부터 무엇을 해야 할지에 대한 많은 생각을 했습니다. 어떤 목표를 세워야 할지가 가장 큰 고민이었고, 그때까지의 선수단을 그대로 가지고 1부에 올라가서는 버티기 어렵다는 것도 있었죠. 2부에서 1부로 승격한 팀들은 대부분 다시 강등된다는 것이 축구계의 정설로 통하잖아요.

강 충분히 공감합니다. 2016 시즌과 2017 시즌의 선수단 구성은 판을 완전히 갈아엎었다고 해도 과언이 아닐 정도로 엄청나게 변화했어요. 기존 주전급 선수들 중에 남은 사람은 주장 백종환, 정승용, 오승범, 골키퍼 송유걸, 안지호(안현식에서 개명), 그리고 군 제대 후 돌아온 김오규 정도인 것으로 압니다. 구단을 떠나야 했던 승격 공신들의 반발이 많지 않았습니까?

조　2부 리그에 있을 때에는 임대로 영입한 선수들이 꽤 많았어요. 그 선수들은 원래 소속팀으로 돌아가면 되니까 큰 문제가 될 것이 없었죠. 그 밖의 선수들은 최대한 많이 뛸 수 있는 팀으로 보내주려고 노력했습니다. 대표적인 예로 서보민 선수는 포항으로 가서 잘하고 있고, 한석종 선수 역시 인천에 가서 꾸준히 출전하고 있죠.

강　루이스에 대해 특히 고민이 많았을 것 같습니다.

조　루이스 선수의 테크닉은 충분히 살아있지만, 향후 구단 발전을 위해 재매각이 가능한 젊은 외국인 선수를 영입하는 것이 필요하다고 생각해서 포기했어요. 지금 루이스는 중동 리그에서 잘 뛰고 있습니다.

강　결별 과정이 매끄럽지 못했던 선수들이 꽤 있었죠?

조　그런 사례들이 제법 있었습니다. 객관적으로 평가해서 1부에서 통하기에 능력이 부족한 선수들과는 어쩔 수 없이 결별해야만 했죠. 1부에서 뛸 능력이 안 된다고 스스로 수긍하는 선수들과는 좋게 헤어졌는데, 몇몇 선수들은 반발이 있었어요.

강　선수 본인은 더 잘할 수 있다고 생각하는데 객관적으로 보면 분명히 아닌 사례들이 있었겠죠.

조　맞아요. 선수 본인의 생각과 객관적인 사실 사이에 괴리가 있을 때가 가장 힘들었습니다. 무한한 사랑을 보냈던 선수들과 헤어지는 과정에서 마음이 아프지 않을 수 있었겠어요? 대신 남아있는 승격 공신들에 대해서는 파격적인 대우를 했죠.

강　주장 백종환과 정승용 선수의 연봉 인상폭을 보면 조 대표님이 히어로즈의 단장 출신이라는 것이 잘 드러납니다. 히어로즈의 연봉 책정 스타일에서 눈에 띄는 점은 확실히 잘하는 선수들에게는 선수의 요구액을 뛰어넘는 파격적인 대우를 하는 것입니다. 대신 어중간한 성적을 낸 선수들에게는 다소 박한 면이 없지 않죠.

조　잘하는 선수에게 확실하게 대우를 해주는 이유가 있어요. 연봉 1억 원을 받던 선수가 2억 원을 받게 되면 눈빛이 완전히 달라지고, 자신의 가치에 맞게 경기력을 보여준다고 저는 생각해요. 그것이 스포츠의 묘미 중 하나입니다.

아시아 챔피언스 리그를 정조준하다

강　기존 선수단을 정리하던 이야기는 이쯤에서 마무리하겠습니다. 승격 직후에 아시아 챔피언스 리그Asia Champions' League, 약칭 ACL 진출을 목표로 한다고 천명한 것에는 정말 기절할 뻔했어요.

조 몇 년 만에 2부에서 1부로 복귀한 구단이 곧바로 아시아 챔피언스 리그를 목표로 한다고 하니 조태룡을 미친놈으로 여긴 사람들이 많았겠죠?

강 하하하, 돈키호테쯤으로 취급한 사람들이 대다수였을 겁니다.

조 그간 2부에서 1부로 승격한 팀들은 잔류에 급급했고, 곧바로 다시 강등당하는 경우도 많았어요. 현실적으로는 12개 팀 중에 6위 안에 들어서 상위 스플릿 진출만 해도 성공이라고 보는 것이 맞잖아요(현재 K리그 클래식은 팀 간 3경기씩 33라운드를 치른 결과로 1~6위의 상위 스플릿과 7~12위의 하위 스플릿으로 나눈다. 각 스플릿별로 팀 간 1경기씩 5라운드를 더 치러 최종 순위를 가리고 아시아 챔피언스 리그 진출 팀과 2부 강등팀을 결정하게 된다).

강 사실 그 정도만 해도 대성공이라고 봐야죠. 2부에서 올라온 팀이 곧바로 상위 스플릿에 진출한 사례는 지금까지 단 한 차례(2016년 시즌 상주 상무)에 불과했습니다.

조 그런데도 제가 아시아 챔피언스 리그 진출이라는 목표를 설정한 이유가 무엇이었을 것 같나요?

강 쉽지 않은 질문입니다만 저 나름대로 추정했던 것을 풀어보죠. 사람은 목표를 어디에 두느냐에 따라 행동이 달라지고, 그 목표치에 살짝 미달하는 결과를 낳는 것이 보통입니다. 잔류를 목표로 해서는 잔류하기도 어렵고 강등당하기 쉽죠. 그렇다고 해서 2부에서 간신히 올라온 팀이 1부의 기존 강자들을 모조리 물리치고 단박에 우승하겠다고 하면 현실성이 너무 떨어져서 내부 구성원들조차 공감하기 어려울 겁니다. 그러나 3위 또는 4위까지 진출할 수 있는 아시아 챔피언스 리그라면 현실성이 전혀 없는 목표는 아니고요(한국의 ACL 진출권은 1부 리그 정규리그 1~3위, 그리고 프로와 아마추어 팀들이 모두 출전하는 토너먼트 대회인 FA컵 우승팀까지 총 4장이 주어짐. 만약 정규리그 3위 이상인 팀이 FA컵을 우승할 경우 정규리그 4위에게 진출권이 돌아감). 요약하자면, 최선의 노력을 다하고 다소간의 행운이 동반되면 달성이 가능한 목표를 설정함으로써 조직에 적당한 긴장감을 부여하기 위한 목표 관리 기법이었을 것으로 저는 생각합니다.

조　그런 측면도 없지는 않았지만 진짜 이유는 따로 있습니다. 최문순 도지사님께 "큰 그림을 그리고 도전해보겠습니다"라고 말씀드리고 아시아 챔피언스 리그 진출이 목표라고 질러버렸죠. 진짜 큰 그림이 무엇인지는 말씀드리지도 않았어요.

강　큰 그림이 무엇입니까? 아시아 챔피언스 리그도 충분히 큰 그림인데요.

조　부산 사람들은 부산을 '야구의 도시'라고 부르잖아요.

강　야생야사, 야구에 살고 야구에 죽는 사람들이죠.

조 강릉 사람들은 강릉이 '축구의 성지聖地'라고 생각해요. 강릉농고(현 강릉중앙고)와 강릉상고(현 강릉제일고) 간의 농상정기전은 백년 정도의 긴 역사를 가지고 있고, 두 학교는 뛰어난 선수들을 많이 배출했죠. 그리고 강원도는 이을용, 이영표, 설기현, 김도근, 서동명, 그리고 지금 유럽 무대를 호령하는 손흥민을 비롯해 수많은 국가대표 선수들이 나고 자란 고장입니다. 그렇다면 강원도가 진짜 축구의 성지임을 보여주는 것이 강원FC 대표의 미션이 되겠죠?

강 그렇겠네요.

조 1부에 올라가서 간신히 버티다가 다시 2부로 내려가는 모습을 보여줘서는 안 되잖아요. 강원FC를 한국의 명문구단, 그리고 더 길게 봐서는 세계적인 명문구단으로 키워야겠다고 생각했습니다. 강작가는 스페인 바르셀로나에 대해서 잘 알고 있나요?

강 가보지도 못했고 잘 모르죠. 1992년 하계올림픽 개최지이고, 카탈루냐 주의 주도이며 언어는 스페인어가 아닌 카탈루냐어를 쓴다는 정도를 알 뿐이지, 그곳에 볼거리가 무엇이 있는지 등 자세한 것은 전혀 모릅니다.

조 대다수의 한국인들이 마찬가지일 것인데, 바르셀로나라는 도시 자체를 모르는 사람은 거의 없을 거예요. 리오넬 메시Lionel Messi, 네이마르Neymar da Silva Santos Júnior, 수아레스Luis Surez 등 슈퍼스타들이 뛰고 있는 FC 바르셀로나 때문일 겁니다.

강 강원FC를 FC 바르셀로나와 같은 존재로 만들겠다는 꿈인가요?

조 맞아요. 강원도는 특히 관광업에 대한 의존도가 큰 고장이에요. 강원FC가 강원도를 대표하는 관광자원이 되어서 한국을 찾는 관광객들이 "강원FC 보러 가야 해"라는 말을 하는 상황이 된다면 강원도에 엄청난 기여를 하게 될 겁니다.

강 허황된 꿈이라 생각하는 사람들도 많을 것 같습니다.

조 우리 어렸을 때 생각을 해봐요. 전자제품은 소니Sony가 최고였고, 소니 워크맨Walkman이 선망의 대상이었잖아요. 그런 소니를 삼성전자가 잡을 것이라고 누가 상상을 했어요? 한국인들은 정말 뛰어난 능력을 가지고 있고, 상상할 수 없는 일들을 현실로 만들어왔습니다. K리그가 잉글리시 프리미어리그EPL처럼 세계 일류 리그가 되지 말라는 법이 어디 있나요?

강 원대한 꿈은 하루아침에 이루어지는 것이 아니고, 누군가가 상상력을 발휘해서 방아쇠를 당기는 것에서부터 시작되죠.

조 맞아요. 제가 아시아 챔피언스 리그 진출이라는 목표를 내세운 것은 그런 원대한 꿈을 실현시켜 나가는 출발점을 만들기 위한 것입니다. 지금까지 불가능해 보이는 목표에 도전하는 인생을 살아왔는데, 강원FC에서 적당한 목표를 세우고 편하게 지내다가 임기를 마치고 떠난다는 것은 말이 안 되죠.

강 뜬금없는 질문으로 보일지 모르겠지만, 조 대표님은 한국 축구 사에서 가장 뛰어난 선수가 누구라고 생각하십니까?

조 당연히 차범근이죠. 아시아 선수가 유럽에 진출하는 것을 꿈도 꾸기 어려웠던 시절에 독일 분데스리가^{Bundesliga}에서 주전으로 뛰며 99골을 넣었다는 것은 정말 대단한 일입니다. 이건 박지성의 업적을 폄훼하자는 것이 결코 아니에요. 저는 박지성 선수의 열렬한 팬이었 고, 바쁜 와중에도 그가 출전하는 경기는 꼭 챙겨보곤 했어요.

강 저 역시 주저 없이 차범근을 꼽습니다. 30대 미만의 젊은 사람 들은 잘 이해하기 어려울 수도 있겠지만요. 제가 1971년생인데, 아 마 70년대 초중반 생까지가 차범근의 현역시절 활약을 직접 본 마 지막 세대일 겁니다.

조 지금 그 이야기를 왜 꺼낸 거죠?

강 젊은 사람들이 차범근이라는 선수의 위대함을 잘 실감하지 못 하는 이유는 바로 이거라고 봅니다. 세계 최고의 축구 리그는 잉글 리시 프리미어리그^{EPL}와 스페인 프리메가리가^{La Liga}이고, 독일 분데 스리가는 그보다 살짝 아래에 있는 리그라고 생각하기 때문이죠.

조 당시 상황을 몰라서 나오는 오해입니다. 차범근 선수가 활약할 당시 세계 최고의 축구 리그는 단연 독일 분데스리가였고, 현재의 EPL과 비교해도 결코 밀리지 않았거든요.

강 맞습니다. 반면 EPL은 1990년대 중반까지만 해도 좋게 봐줘야 2류 리그에 불과했습니다. 그랬던 EPL이 세계 최고의 리그로 성장하는 과정에서 상징적인 사건이 1994년 미국 월드컵 직후에 있었죠.

조 독일 국가대표팀의 간판 스트라이커인 위르겐 클린스만Júrgen Klinsmann이 현재 손흥민의 소속팀인 EPL의 토트넘 핫스퍼Tottenham Hotspur로 이적한 것 말입니까?

강 바로 그겁니다. 클린스만이 세계 최고 수준의 골잡이이긴 했지만, 그 시점에서는 전성기가 이미 지나고 선수 생활의 황혼기에 접어들고 있었거든요. 그런데 노장 클린스만의 EPL 이적은 당시에 엄청난 화제를 불러일으켰습니다.

조 그 사건을 기점으로 해서 EPL이 세계 각국의 스타선수들을 대거 영입하고 1류 리그로 도약하게 됐다는 이야기죠?

강 맞습니다. 1990년대 말이 되자 EPL은 세계 최고의 리그 중 하나로 떠오르게 됐죠. 제가 이런 이야기를 꺼낸 이유는……

조 처음부터 지금의 EPL이 아니었듯이, 강원FC의 비전이 마냥 비현실적인 꿈인 것은 아니라는 이야기를 하고 싶은 것입니까?

강 그렇죠. 하루아침에 될 일은 절대로 아니지만, 큰 뜻을 품고 올바른 방향을 잡아서 나아가면 언젠가는 이루어질 수 있는 일이라고 생각합니다.

조 그렇게 이해하고 공감해줘서 고맙습니다. 미국의 메이저리그 사커MLS의 사례도 비슷한 것 같아요. 2009년 당시 34세였던 데이비드 베컴David Beckham이 LA 갤럭시로 이적한 것이 전환점이 됐죠. 강원 FC에 부임한 이후 영국, 스페인, 독일을 비롯한 유럽 리그들, 아시아 여러 나라의 리그들, 그리고 그 외 대륙의 리그까지도 가급적 많이 살펴보기 위해 다녔는데, 그중에서도 미국 MLS가 가장 인상적이었습니다.

강 미국에서는 축구가 비인기 종목이라는 인식을 가지고 있는 사람들이 많은데, 현장에서 본 미국 MLS의 모습은 어땠습니까?

조 전 세계 스포츠에서 미국이 가장 앞선 상업화 시스템을 가진 나라임이 틀림없잖아요. 아직까지는 야구, 미식축구, 농구, 아이스하키에 비할 정도는 아니지만 미국의 축구 역시 최근 5년 남짓한 사이에 비약적인 발전을 이루고 있습니다. MLS에서 가장 인상적이었던 점은 협동조합 모델을 잘 정착시키면서 다른 나라의 축구 리그와는 완전히 다른 양상을 보인다는 점이에요. 그리고 리그 사무국과 개별 구단들과의 관계가 아주 끈끈하게 형성되어 있어요. 리그 출범이 늦다 보니까 일찍 시작한 다른 리그들의 시행착오와 장단점을 잘 분석해서 합리적인 시스템을 갖출 수 있었던 겁니다.

5퍼센트 법칙

강 후발주자의 이점을 정말 잘 살린 사례인 것 같습니다. 선점의 효과를 무시할 수는 없지만 후발주자가 반드시 불리한 것은 아니라는 사실이 잘 드러나고 있네요.

폭풍 영입

강 아시아 챔피언스 리그ACL를 목표로 천명한 이후의 행보는 정말 놀라웠습니다. 강원FC의 선수 영입은 매일같이 화제를 불러모았고, 도 · 시민구단이 그렇게 화제의 중심에 선 것은 유례가 없는 일이었죠.

조 목표를 세웠으면 그 목표를 이루기 위한 실행 과정을 밟아나가야 하잖아요. 아시아 챔피언스 리그 진출이라는 목표에 맞는 선수단 구성 작업에 착수한 것입니다.

강 선수 영입 리스트에 대해서는 사전준비 작업이 있었습니까?

조 그건 불가능했어요. 승격할 것이라고 상상을 못했으니까요.

강 정말요? 1부 승격이 확정되고 선수 영입 발표가 시작되기까지의 시차가 불과 얼마 안 됐는데, 그걸 사전준비도 없이 해내셨다고요?

조   정말 그랬어요. 보름 남짓한 기간 동안 엄청나게 많은 일이 있었죠. 그런데 영입 대상 리스트를 만드는 데에 어려움이 많았고, 솔직히 선수 영입에 돈이 얼마나 들어가야 할지도 가늠이 되지 않았습니다.

강   구체적으로 어떤 어려움이 있었습니까?

조   ACL 진출이라는 목표를 내세웠으면 그에 맞는 선수들을 골라야 할 것 아니겠어요. 그런데 국내 구단들은 선수를 잘 내주지 않으려고 하는 겁니다. 자유계약선수ᶠᴬ 신분이거나, 방출 대상이거나, 또는 바이아웃ᵇᵘʸ ᵒᵘᵗ(선수의 소속 구단이 지정한 금액 이상을 이적료로 지불하면 그 구단의 동의 없이도 선수와 이적 협상을 할 수 있는 조항) 조건이 붙은 선수들을 우선적인 대상으로 할 수밖에 없었어요.

강   범위를 그렇게 좁히면 선수 리스트가 대단히 제한적일 수밖에 없었겠네요.

조   선택의 폭이 정말 좁았어요. 우선 바이아웃 조건이 붙은 국내 구단 선수들부터 영입 대상으로 삼았고, 그런 사례에 해당하는 선수가 이근호와 문창진이었습니다. 다음으로는 외국에서 뛰고 있으면서 한국에 복귀할 의사가 있는 선수들과 접촉했죠. 외국 구단들은 국내 구단에 비해 선수 거래에 개방적인 자세를 보이거든요. 외국에서 뛰던 선수들을 영입한 사례가 김승용, 오범석, 이범영, 김경중이었죠.

강　그런 어려운 상황에서도 빠른 시일 내에 그 많은 선수들과의 협상을 완료할 수 있었던 비결은 무엇입니까?

조　끌려가는 협상을 하지 않았기 때문입니다. 줄 수 있는 연봉은 얼마고 의사결정을 해야 할 시한은 언제까지인지 선수들에게 분명히 못박았고, 시한을 넘어서면 과감하게 협상 테이블을 접었어요. 이러한 지침이 다 지켜졌는데 딱 한 번의 예외가 있기는 했죠. 그 예외가 누구였는지는 궁금하더라도 넘어갔으면 합니다.

강　알겠습니다. 궁금하지만 참도록 하죠. 영입한 선수들의 면면은 실로 놀라웠고, 12월 9일에 첫 번째 타자로 등장한 선수가 이근호였던 것은 충격적이었어요.

조　이근호 선수와 관련된 이야기는 미뤄두었다 할 것들이 많아요. 선수 영입 작업에 애로사항이 많았는데, 이근호 선수가 첫 테이프를 끊으면서 큰 힘을 받았죠.

강　아무리 많은 연봉을 준다고 해도 강원FC이기 때문에 꺼리는 선수들이 제법 있었다면서요?

조　맞습니다. '웬 강원?'이라는 반응이 대부분이었어요. 그런데 이근호 선수가 빠르게 길을 뚫어주니까 선수들 사이에서 꺼리는 분위기가 많이 사라졌죠.

입단 계약 직후의 이근호 선수.
강원FC에서 제2의 전성기를 맞아 국가대표도 맹활약 중이다.

강　이근호 선수를 영입하면서 "앞으로 매일 아침 7시에 영입 소식
이 있을 것이다"라고 선언했고, 진짜 거의 매일 아침 7시에 영입 소
식이 들려왔습니다. 강원FC 팬이 아니더라도 7시 강원 오피셜 뉴스
를 기다리는 사람들이 엄청나게 많았고, '강피셜'이라는 신조어가
등장할 정도로 비시즌 기간 동안 축구팬들의 비상한 관심을 불러일
으켰습니다. 아침 7시를 택한 특별한 이유가 있었습니까?

조　강원FC에 와서 보니까 보도자료를 대략 오전 10시에서 11시
사이에 내는 겁니다. 언론사마다 편집회의를 여는 시간이 제각기 다
른데, 거기에 보편적으로 맞추다 보니 그 시간을 택한 거예요. 저는

언론사에 끌려다니지 말고 우리 강원FC가 주도적으로 끌고 가자고 제안했죠.

강　주도적으로 나간다는 의도에는 전적으로 찬성합니다. 그런데 왜 하필 7시입니까?

조　처음엔 9시로 하자는 이야기가 나왔어요. 그런데 많은 사람들이 7시에서 8시 사이에 지하철이나 버스를 타고 출근하면서 이런저런 기사들을 검색하잖아요. "강원FC가 사람들의 출근길을 즐겁게 만들어 보자"는 의도에서 7시를 택한 겁니다. 영입 발표 날짜를 살펴보면 오범석 선수를 제외하고는 모두 평일에 이루어졌죠. 단, 토요일과 일요일에 발표할 경우에는 늦잠을 즐기는 사람들이 많으니 9시로 늦추기로 했어요. 지금도 강원FC는 매일 아침 7시에 보도자료를 내고 있고, 전 종목을 통틀어 그렇게 하는 프로구단은 강원FC 외에 하나도 없을 겁니다.

강　하하하, 정말 재미있는 발상입니다.

조　매일 아침 7시에 오피셜 기사를 내는 것은 저와 담당 직원에게 보통 고역이 아니에요. 그래도 사람들을 즐겁게 만들 수 있다면 감수해야죠.

강　영입 대상 선수 리스트를 작성하면서 세운 세부적인 기준과 지침이 있었을 텐데요.

발표일	선수명	포지션	전소속팀	주요 경력
12.9 (금)	이근호	FW	제주	2014 브라질월드컵 대표
12.11 (일)	오범석	DF	항저우	2010 남아공월드컵 대표
12.12 (월)	김경중	FW	도쿠시마	2011 U-20 청소년대회 대표
12.13 (화)	김승용	FW	수판부리 (태국)	2008 베이징올림픽 대표
12.14 (수)	박선주	DF	포항	2009 U-17 청소년대회 대표
12.15 (목)	강지용	DF	부천	
12.16 (금)	문창진	MF	포항	2016 리우올림픽 대표
12.19 (월)	이범영	GK	후쿠오카	2012 런던올림픽 동메달
12.20 (화)	황진성	MF	성남	K리그 도움왕
12.21 (수)	정조국	FW	광주	2016 K리그 MVP, 득점왕
12.26 (월)	쯔엉	MF	인천	베트남 국가대표
1.10 (화)	이용	DF	광주	
1.18 (수)	디에고	FW	스자좡 (중국)	브라질 U-20 청소년대표
1.23 (월)	발렌티노스	DF	리마솔 (키프로스)	키프로스 국가대표

강원FC의 2016년 시즌 종료 후 선수 영입 현황

조 가장 중요한 기준은 잠시 미루고 지침부터 이야기하겠습니다. 전에 야구와 축구의 차이점을 설명했는데, 공통점도 여럿 있어요. 그중 하나가 센터 라인center line의 중요성이죠.

강 야구에서 포수, 투수, 중견수로 이어지는 센터 라인이 강해야 강팀이 된다는 이야기를 많이 합니다. 축구도 마찬가지인가요?

조 그럼요. 골키퍼, 중앙 수비수center back, 중앙 미드필더, 센터포워드center forward로 이어지는 라인이 제일 중요하죠. 그 부분을 어떻게 메울지를 먼저 생각하고 다른 포지션을 채워가는 수순으로 구상했습니다. 그중에서도 가장 중요한 포지션은 골키퍼예요.

강 동감합니다. 이범영 선수 영입 스토리에 재미있는 것이 있는 모양입니다.

조 아직까지도 프로축구 구단들은 초창기 프로야구처럼 트레이드에 인색하고, 특히 일급 골키퍼는 잘 내주지 않으려고 해서 골키퍼 보강에 애를 먹었죠. 그러다가 일본에서 뛰고 있던 이범영 선수와 접촉이 됐는데, 강원FC에 오는 것을 두려워하더라고요.

강 싫은 것이 아니라 두려웠다고요?

조 이범영 선수는 강등에 대한 트라우마trauma가 있었어요. 자신이 뛰던 팀이 둘이나, 그것도 연달아 2부 리그로 추락하는 경험을 했기 때문입니다. 그러니까 '강원FC에 갔다가 또 강등을 당하면 어쩌나' 라는 두려움이 앞섰겠죠.

강 그런데도 결국 강원FC와 계약하게 된 이유는 무엇입니까?

조　이범영 선수한테 "강원FC를 통해서 네 인생의 트라우마를 깨게 해주겠다. 우리는 2부 리그에서 올라온 팀이지만, 새로운 도전과 기적을 통해서 삶의 즐거움을 꼭 알려주고 싶다"라는 메시지를 전달했죠. 이게 통했어요.

강　사람의 마음을 움직이는 멋진 메시지였네요.

조　얼마 전에 구단 역사상 1부 리그 최다연승 기록인 5연승을 했잖아요. 그 후 이범영 선수가 "지금까지 저의 축구 인생에서 4연승이 없었습니다"라고 이야기하더라고요. 진짜 인생의 기적을 만든 거죠.

강　다음으로는 골키퍼 앞의 센터 라인에 해당하는 중앙 수비수로 넘어가 보죠.

조　중앙 수비수를 구하는 것이 정말 어려웠어요. 강 작가는 잘 알겠지만, 당시 국가대표급 수비수들이 대거 중국으로 빠져나간 상태라 좋은 중앙 수비수가 너무나 귀했죠. 그래서 부천FC에서 강지용 선수를 영입하기 위해서 다른 구단과 치열한 경쟁을 해야만 했습니다. 마지막 단계에서는 중앙 수비수와 수비형 미드필더를 겸할 수 있는 발렌티노스를 영입해서 센터 라인의 후방을 대략 완성하게 됐어요.

강　중앙 수비수와 측면 수비수를 겸할 수 있는 박선주 선수도 언급이 필요할 것 같습니다.

조　박선주 선수는 탁월한 재능에 비해 다른 구단들의 관심을 받지 못하고 있었어요.

강　왜죠?

조　척추질환을 안고 있다는 이유 때문에 다른 구단들이 기피하고 있었거든요. 저는 아픔을 가지고 있는 선수들이 인간승리를 이룰 수 있는 기회를 주고 싶어서 박선주 선수를 영입했습니다.

강　박선주 선수가 인간승리를 이루는 모습을 꼭 보고 싶습니다. 이제 중앙 미드필더로 넘어가 보죠.

조　미드필드 중앙에서 원활하게 볼 배급을 하고 경기를 풀어줄 선수가 반드시 필요했어요. 성남FC 소속으로 작년 승강 플레이오프 2차전에서 동점골을 넣어서 저의 속을 새카맣게 태웠던 황진성 선수를 영입했죠. '황카카'라는 별명이 무색하지 않은 그의 정교한 킥 능력을 사고 싶었습니다.

강　하하하, 그때 제 속도 새카맣게 탔습니다. K리그에서 50골 50도움을 기록한 몇 안 되는 선수 중 하나가 황진성이죠. 강원FC에 오기 전에는 부상으로 고생한 기간이 많았는데 기대 이상으로 잘해주고 있습니다.

조　솔직히 부상에 대한 걱정이 없지는 않았는데 정말 기대 이상이에요. 황진성보다 조금 앞서 영입한 문창진 역시 미드필드 중앙을 강화하기 위해 택한 선수입니다. 이근호, 황진성, 문창진 세 선수가 있으면 언제든 상대 문전을 위협할 수 있는 화력을 갖출 수 있다고 봤어요. 그리고 문창진 선수는 나이가 젊기 때문에 향후 이적료를 받고 트레이드를 할 수 있다는 점도 매력적이었죠(문창진은 2017년 시즌 막판에 사우디아라비아의 알 아흘리로 이적하면서 강원FC에 상당한 금액의 이적료 수익을 남겨주었음).

강　또 다른 중앙 미드필더인 최초의 베트남 출신 K리거 쯔엉에 대해서 할 이야기가 꽤 있을 것 같습니다.

조　강원FC가 2부 리그에 있을 때 쯔엉이 1부 리그 소속인 인천 유나이티드에 있었잖아요. 그때부터 데려오려고 애를 많이 썼는데, 1부 리그 선수를 2부 리그 팀이 영입하기가 쉽지 않더라고요. 1부 승격을 하고 나서 아시아 쿼터로 호주 선수를 데려올 수도 있었지만, 그전부터 마음에 두고 있던 쯔엉에게 적극적으로 구애했습니다.

강　오랜 러브콜 끝에 성공하셨군요. 많은 사람들이 쯔엉의 영입을 '마케팅용'이라고 생각했는데, 조 대표님의 진짜 영입 의도는 무엇이었습니까?

조　그건 마케팅marketing의 의미를 오해해서 나온 반응입니다. 강 작가는 경영학과 출신이고 대학원에서 마케팅을 전공했으니, 잘 모르

주한 베트남 대사관에서 열린 쯔엉 선수 입단식

는 사람들을 대상으로 마케팅을 쉽게 설명해 봐요. 강 작가는 그런 일을 잘 하니까.

강 하하하, 그럼 저 나름대로 해석을 해볼게요. 쯔엉을 두고 마케팅용이라고 하는 것은 마케팅을 '판매를 위한 활동' 정도로 이해하기 때문에 나오는 반응인 것 같습니다. 자동차를 예로 들어보죠. 이미 만들어놓은 자동차를 가지고 광고를 하고 판촉 활동을 해서 파는 것이 마케팅의 전부가 아니잖아요. 소비자가 어떤 차를 원하는지 니즈needs를 파악하고, 소비자 니즈를 반영한 차를 개발하고, 가격을 책정하고, 광고와 판촉을 하고, 판매 이후에도 고객과의 관계를 잘 유지해서 재구매를 유도하는 등의 과정이 모두 포함된 것이 마케팅이죠.

조　그러니까 쯔엉의 경기력을 의심하면서 마케팅용이라고 하는 것은 잘 굴러가지도 않는 자동차를 광고와 판촉으로 팔겠다는 것과 똑같은 말이 됩니다. 저와 코칭스태프는 시간을 두고 다듬으면 쌩쌩 잘 달릴 수 있는 자동차가 될 수 있을 것이라고 생각했기 때문에 쯔엉을 영입한 것이에요. 만약 박찬호 선수가 마이너리그를 전전했다면 한국에 메이저리그 중계권과 유니폼, 모자 등의 상품을 파는 것이 가능했겠어요? 박찬호 선수가 경기에 나와서 잘했으니까 가능했던 일이죠. 쯔엉의 경기력이 뒷받침되어야 베트남에 K리그 중계권을 팔든 한국에 사는 베트남 사람들을 팬으로 끌어들이든 뭔가를 할 수 있어요.

강　이제 센터 라인의 최전방인 센터포워드에 대한 이야기로 넘어가죠. 막판에 터진 2016년 K리그 클래식 득점왕이자 최우수선수^{MVP}였던 정조국의 영입 소식은 너무나 놀라웠습니다. 특별한 사연이 있었을 것 같은데요?

조　정조국 선수는 이미 일본 구단으로 이적하기로 협상이 거의 마무리된 상태였어요. "정조국 선수가 조국에서 뛰게 하고 싶다"고 제가 광주 구단과 선수 본인을 설득해서 영입에 성공했죠.

강　정조국 선수의 영입 작업에는 조 대표님이 직접 나섰다면서요?

조　맞습니다. 다른 선수들의 영입은 부단장에게 맡겼지만, 정조국

정조국 선수

선수와의 협상에는 제가 직접 나섰어요. 화룡점정畵龍點睛에 해당하는 일이니까요.

강　화룡점정이라는 표현에 뭔가 더 숨은 의미가 있을 것 같습니다.

조　2부 리그와 1부 리그 사이에는 수준차가 엄연히 존재합니다. 우리 팀 전력에 대한 데이터 분석을 해봤더니, 1부에 올라가면 기본적으로 경기당 2골을 먹게 생겼더라고요.

강　깜짝 놀랐습니다. 지금 불거지고 있는 수비 불안 문제가 예견된 사태였다는 것이네요. 물론 강원FC 경기는 골이 많이 터져서 재미있다는 평을 축구팬들로부터 받기는 합니다만(이 대화를 나누던 시점에서 강원FC는 18경기를 치르는 동안 매 경기 실점을 했고, 30득점 29실점으로 득점과 실점 모두 리그에서 두 번째로 많은 수치를 기록하고 있었음. 19번째 경기에서야 처음으로 무실점 경기가 나옴).

조   하하하, 이미 예상하고 있었죠. 이 문제를 어떻게 해결해야 할지에 대해서는 두 가지 접근법이 있습니다. 첫째는 약점 보완이죠. 대다수의 사람들은 어떻게든 약점인 수비력을 보완하려고 할 겁니다. 저는 다른 방식을 택했어요. 그 약점을 상쇄할 수 있는 강점을 만들려고 한 것이죠. 2골을 먹어야 한다면 3골을 넣으면 되는 것 아니겠습니까? 그리고 많은 골이 터지면 팬들의 호응도 더 뜨거워질 것이잖아요. 그래서 2016 시즌 K리그 득점왕인 정조국 선수를 영입했고, 뒤이어 브라질 청소년대표 출신 공격수 디에고를 데려왔죠. 물론 수비력 강화에도 신경을 안 쓴 것은 아니지만요.

강   제가 비슷한 맥락에서 자주 하는 이야기가 있습니다. 전투에서 이기는 방법은 크게 네 가지로 나눌 수 있어요. 첫째는 나의 강점을 잘 살리는 것이고, 둘째는 상대방의 약점을 집요하게 파고드는 것입니다. 셋째는 나의 약점을 보완하거나 감추는 것이고, 넷째는 상대방의 강점을 무력화하는 것이죠. 그중에서도 나의 강점을 살리는 것이 최선의 방법이고, 다음으로는 상대방의 강점을 무력화하는 것이라고 저는 생각합니다.

조   동감합니다. 약점 보완보다 강점 극대화에 집중하는 것이 더 좋은 접근법이에요.

강 이제 다른 포지션의 선수들 이야기로 넘어가 볼까요?

조 좋습니다. 센터 라인부터 이야기하다 보니 외국에서 뛰던 선수들 셋이 마지막 순서로 남았네요.

강 하하하, 그렇게 됐네요. 오범석 선수는 풍부한 경험과 멀티 플레이어로서의 가치를 보신 겁니까?

조 그렇죠. 경험이 많고 본래 포지션인 오른쪽 측면 수비수^{full back} 외에도 수비형 미드필더와 중앙 수비수까지 소화할 수 있으니까요. 한 포지션에서 100점이나 90점짜리 활약을 하는 선수도 필요하지만, 여러 포지션에서 70점 이상을 할 수 있는 멀티 플레이어도 팀에 반드시 필요합니다.

강 청소년대표 시절 박주영과 투톱을 이루었던 김승용 선수와 관련한 스토리가 아주 궁금합니다.

조 김승용은 인성이 아주 좋고 선후배들로부터 두터운 신망을 받는 선수입니다. 경기장에서도 그렇고 경기장 밖에서도 이타적인 성격을 가지고 있어요. 저는 김승용 선수가 향후 좋은 지도자가 될 것이라고 봐요. 선수단의 판을 새로 짜다시피 하는 상황에서는 조직력과 선수들 사이의 융화에 문제가 생길 수 있기 때문에, 김승용과 같이 구성원들을 하나로 묶어줄 수 있는 존재가 반드시 필요합니다. 그리고 여전히 살아있는 테크닉, 해외의 여러 리그를 거치면서 쌓은 풍부한 경험과 적응력도 높이 샀죠.

강   김경중 선수는 어떤 점을 보고 영입하셨습니까?

조   좁은 폭의 대안에서 선택하다 보니 부득이하게 베테랑의 비중이 높아지게 되었고, 그런 점을 보완하기 위해서는 젊고 스피드가 뛰어난 측면 공격수^{wing forward}가 필요했습니다. 전체 최적을 이루기 위해서 반드시 필요한 요소였죠. 그리고 문창진과 마찬가지로 젊은 선수이기 때문에 향후 이적료를 받고 트레이드를 할 수 있는 가능성도 높고요.

강   일각에서는 베테랑 선수에 대한 비중이 지나치게 높다는 지적도 있습니다.

조   원래 목표로 한 연령 구성은 정상적인 인구구조와 같은 피라미드 형태였어요. 젊은 선수들의 수가 가장 많고, 중간층, 베테랑으로 올라갈수록 수가 줄어드는 것이 이상적이거든요. 그런데 현실적으로 선택의 폭이 워낙 좁다 보니까 원하는 연령 구성을 당장에 달성할 수가 없었고, 장기적으로는 피라미드 형태를 추구할 겁니다(이후 2018 시즌을 앞두고 강원FC는 젊은 유망주들을 집중적으로 영입하면서 이러한 구상의 실현에 본격적으로 착수함).

강 충분히 이해가 됩니다. 다소 베테랑에 치우친 느낌은 들지만, 베테랑의 가치는 결코 무시할 수 없죠.

조 맞아요. 베테랑들은 후배들에게 정신적인 지주支柱 역할을 해주는 동시에 팀이 위기에 빠졌을 때 헤쳐나갈 수 있는 힘을 주는 존재입니다. 영입한 선수들 중 베테랑으로는 정조국, 이근호, 김승용, 오범석, 황진성을 꼽을 수 있죠. 그리고 베테랑, 중간층, 젊은 선수의 조화가 반드시 필요하니까 중간층과 젊은 선수들도 가능한 대로 많이 영입하려 했어요. 20대 중후반의 중간층으로는 이범영, 강지용, 김경중, 디에고, 발렌티노스를 뽑았고, 젊은 선수들로는 박선주, 문창진, 쯔엉 정도가 있었죠.

'엘리트 코스(E)'와 '태도(A)'라는 원칙

강 2부에서 승격한 구단, 게다가 도 · 시민구단이 이런 파격적인 행보를 보인 사례는 한국 프로축구에서 이전까지 한 번도 없었습니다. 물론 박수를 보낸 축구팬들이 많았지만, 비판과 우려의 시각도 만만치 않았잖아요. 특히 제2의 퀸스파크레인저스Queens Park Rangers, 약칭QPR가 될 것이라는 이야기가 많았습니다.

조 그전까지 QPR에 대해서는 알지도 못했고, 무엇의 약자인지도 몰랐어요.

강 축구에 큰 관심이 없을지도 모를 독자들을 위해 제가 먼저 부연설명을 하죠. 2011~2012 시즌에 잉글랜드 챔피언십(2부)에서 프리미어리그^{EPL}(1부)로 승격한 퀸스파크레인저스^{QPR}는 구단주의 든든한 재력을 등에 업고 스타플레이어를 대거 영입했습니다. QPR의 구단주는 동남아시아 최대의 저가항공사인 에어아시아^{Air Asia}의 회장이고요. 당시 영입했던 선수들 중 하나가 맨체스터 유나이티드의 박지성이었고, 2012~2013 시즌의 선수 구성은 그전 시즌과 거의 완전히 바뀌었다고 할 정도였습니다. 그러나 영입한 선수들이 화학적 결합을 이루지 못하고 겉돌아 조직력에 큰 문제가 있었고, 결국 승격 첫 시즌에 곧바로 강등당하는 운명을 맞게 되었죠. 강원FC의 선수 영입과 QPR 사례 사이에는 어떤 차이점이 있다고 보십니까?

조 QPR의 경우는 일관된 기준이 없이 선수를 끌어모았기 때문에 그런 현상이 발생했다고 봅니다. 저는 그런 우를 범하지 않기 위해 선수 선택에 명확한 기준을 설정했죠. 그것은 EA입니다.

강 EA가 무엇의 이니셜^{initial}입니까?

조 E는 엘리트 코스^{elite course}입니다. 물론 엘리트 코스를 거친 선수가 다 성공하고 그렇지 않은 선수가 다 실패하는 것은 아니지만, 엘리트 코스를 거친 선수의 성공 확률이 확실히 높죠. 서울대 나왔다고 해서 다 성공하는 것은 아니지만 평균적인 삶의 질이 높은 것은 부인할 수 없잖아요.

강　그렇긴 하죠. 그럼 A는 무엇입니까?

조　A는 태도attitude이고요, 무엇보다도 중요한 요소입니다.

강　태도가 좋은 선수들을 골라서 뽑으셨다는 이야기인데, 그중에서도 가장 좋은 선수가 누구입니까?

조　태도와 관련해서 가장 칭찬하고 싶은 선수는 단연 이근호입니다. 현존하는 축구선수들 중에서 가장 좋은 태도를 가진 친구죠.

강　경기장에서 헌신적으로 열심히 뛰는 모습이 경기장 밖에서도 똑같이 나오나 봅니다.

조　맞아요. 저는 이근호 선수를 훌륭한 차세대 지도자감으로 꼽아요.

강　태도에도 여러 가지 측면이 있을 텐데, 그중에서 조 대표님이 가장 중점을 두는 부분은 무엇입니까?

조　좋은 태도를 가진 사람들의 가장 중요한 면은 잔머리를 굴리지 않고 의사결정이 빠르다는 것입니다. 나중에 영입한 선수들은 누가 우리 구단에 들어와 있는지를 아는 상태에서 결정을 했지만, 첫

타자인 이근호는 뒤에 어떤 선수들의 영입이 뒤따르게 될지를 전혀 모르는 상태에서 의사결정을 내려야 했잖아요. 그런데도 결정이 참 빠르더라고요. 이근호의 빠른 의사결정은 그 이후의 선수 영입 과정에 정말 큰 도움이 됐습니다. 반면에 태도가 좋지 못한 사람들은 이것저것 재면서 시간을 질질 끕니다. 그런 사람들은 헤어질 때도 뒤끝이 안 좋게 마련이죠.

강　정말 가슴에 와닿는 말씀이네요. 새로 영입한 선수가 아닌 기존 선수들 중에 태도가 가장 좋은 선수는 누구입니까?

조　오승범 선수를 꼽습니다. 400경기 이상을 뛴 베테랑인데, 지금 경기를 뛰고 나면 무릎에 물이 차올라서 고생을 해요. 그런 상태임에도 불구하고 뛰는 모습을 보면 초인적인 열정이 느껴지죠. 그런 면을 보고 재계약을 한 겁니다.

조태룡이 떠나면 강원FC는 빚더미에 올라앉는다?

강　이제 대화의 방향을 살짝 돌려보겠습니다. 선수들은 거의 새로 구성하다시피 했는데, 최윤겸 감독을 비롯한 코칭스태프는 그대로 유지한 이유가 무엇이었습니까?

5퍼센트 법칙

조　제가 강원FC에 처음 부임하던 시점으로 잠시 돌아가 봅시다. 그간 강원FC에서는 대표가 바뀔 때마다 감독을 갈아치우는 것이 일종의 관례로 자리 잡았어요. 나쁜 전례를 깨야겠다 싶어서 "난 그렇게 하지 않겠다"라고 선언하고 첫해를 최윤겸 감독과 함께 하기로 결정했습니다. 그리고 제가 부임한 시기가 2016년 시즌 개막을 불과 이틀 앞둔 날이었는데, 이미 동계훈련과 시즌 준비를 지휘한 최윤겸 감독을 그 시점에서 갑자기 경질하고 다른 감독을 앉히는 것은 현명한 행동이 결코 아니라고 봤죠.

강　그 시점의 일은 충분히 이해됩니다. 1부 승격을 이루고 난 이후 최윤겸 감독과 재계약하기로 결정하셨는데, 그 과정에서 고민은 없었습니까?

조　저도 사람인데 왜 고민이 없었겠어요. 내가 택한 사람, 마음이 더 잘 맞는 사람을 감독으로 앉히고 싶은 욕구가 생기는 것은 인지상정이죠. 최윤겸 감독은 전임 대표가 임명한 사람이었고요.

강　그런 욕구를 억눌렀던 이유는 무엇이었습니까?

조　1부 승격을 이룬 감독을 승격 직후에 내치는 것은 별로 바람직하지 못한 일이라고 봤습니다. 그리고 최윤겸 감독에 대해 높이 평가하는 점도 있었고요.

강　어떤 점을 높게 평가하셨습니까?

조　다른 면을 다 떠나서 최윤겸 감독은 정직성에서만큼은 프로축구 감독들 중에 최고 수준입니다. 그리고 저와 연배가 비슷해서 서로 잘 통하고, 간섭이 아닌 좋은 의미에서의 소통이 잘 되죠.

강　선수 영입 과정에서 최윤겸 감독과 소통을 많이 하셨습니까?

조　선수 영입과 관련해서는 가끔씩 묻기만 했어요. 선수단 구성은 프런트의 고유 권한이고 감독은 그 선수들을 데리고 경기를 하는 역할이라고 명확하게 선을 그었기 때문이죠. 대신 코치진 구성에 대해서는 전혀 간섭하지 않고 감독에게 일임합니다.

강　전적으로 동감합니다. 감독이 프런트의 고유 영역에까지 손을 대는 것에는 저 역시 절대적으로 반대하거든요.

조　결과적으로 감독이 상상하지 못했던 수준의 선수 수급을 해준 것이죠. 자동차에 비유하자면 감독은 소나타 아니면 잘해야 그랜저 수준의 차를 원하는데 구단 대표가 BMW와 벤츠를 비롯한 고급차들을 사다 안겨준 셈이거든요. 대화하다 보면 최윤겸 감독이 깜짝깜짝 놀라요. "진짜 BMW를 사주신다고요?", "정말로 벤츠를요?", "진짜 마세라티를요?"

강　여담입니다만 일각에서는 조 대표님이 개인적인 영달을 위해 강원FC를 이용한다는 시각도 있고, 정계 입문을 위해 유명세를 타려 한다고 보는 사람들도 있을 겁니다.

조   그런 오해가 나올 수도 있겠죠. 하지만 정계에 입문하고 싶은 생각은 없습니다. 아내가 이미 정치를 하고 있는데 저까지 해야 할 이유도 없고, 저의 성격이 직선적이라 정치와 잘 어울리지도 않는 것 같아요. 스포츠 산업을 통해 이 시대에 함께 사는 사람들에게 즐거움을 드리는 것이 저에게 주어진 미션이라고 생각합니다.

강   제 친구들이 저한테 나중에 정치를 할 생각이 없냐고 자꾸 묻더라고요. 저의 답은 "하고 싶은 생각은 거의 없지만 환경이 조성되고 정말 해야만 할 상황이라면 마다할 생각은 없다"입니다. 조 대표님의 생각도 비슷합니까?

조   똑같아요. 꼭 해야 할 상황이라면 할 수도 있다는 가능성은 열어두지만, 정치를 하겠다고 먼저 나서서 쫓아다닐 생각은 추호도 없습니다. 그리고 제가 지향하는 정치인의 모습은 누리려는 자세가 아닌 자기희생이 준비된 상태일 때에만 가능하다고 봅니다.

강   폭풍 영입을 하면서 구단 예산이 대폭 늘어나야 할 것은 분명합니다. 재정적인 문제에 대한 의구심을 갖는 사람들이 무척 많고, 심지어 "조태룡이 떠나고 나면 강원FC는 빚더미에 올라앉을 것이다"라고 말하는 사람도 있습니다. 과거 히어로즈 단장 시절에 어떻게 일을 하셨는지 잘 알고 있는 저조차도 살짝 불안한 느낌이 드는 것이 사실이에요. 예산에 대한 대비책은 다 만들어두셨는지요?

조   2016년 강원FC의 경영수지가 어땠는지 알아요?

강 글쎄요. 솔직히 감이 잘 잡히지 않습니다.

조 강원랜드로부터 받기로 한 후원금 40억 원 중에서 21억 원을 못 받은 것은 알고 있죠?

강 네. 그건 알고 있습니다.

조 그런 와중에도 2016년에 5억 원이 조금 넘는 흑자를 냈어요.

강 정말이요? 대단하십니다.

조 2017년 예산과 현금흐름도 이미 다 맞춰놨어요. 재정적인 문제에 대해서는 전혀 걱정하지 않아도 됩니다. 히어로즈에서 겪었던 것보다는 훨씬 수월해요.

강 제가 괜한 걱정을 했네요. 그래도 결국 강원도 예산에 의존하는 것 아니냐는 지적을 할 사람들도 있습니다. "선수 잔뜩 영입해 놓고 재정 사정이 좋지 못한 도에 돈 달라고 떼쓰는 것 아니냐"고 보는 시각도 있고요.

조 물론 도에서 받는 금액이 늘어나는 것은 사실이지만, 그냥 떼쓰는 것이 아니라 그만한 명분은 충분히 가지고 있어요. 그 부분에 대해서는 잠시 후에 심도 있게 이야기하도록 합시다.

강 무슨 말씀인지 짐작이 됩니다. 이제는 다음 주제로 넘어가도록 하지요.

5 퍼센트 법칙

Chapter 6

행복을 찍어내는
문화 콘텐츠 제조업

사람들에게 뇌의 행복을 가져다줄 수 있는 가장 효과적인 수단이 스포츠입니다. 하이파이브, 허깅, 샤우팅, 아이 콘택트, 커뮤니케이션을 할 때 우리는 행복을 느끼게 되는데, 일상생활에서는 그런 것들을 할 기회가 좀처럼 없잖아요. 스포츠에는 그런 요소들이 모두 녹아있단 말입니다. 사람들이 평소에는 억압받아서 분출할 수 없는 행복의 요소를 생산해서 파는 것이 제가 하는 일이에요.

업의 본질

강 지금부터는 스포츠란 과연 무엇이고 우리에게 어떤 의미를 갖는가에 대해 대화를 나눠볼까 합니다.

조 지금까지는 주로 강 작가가 질문하고 제가 답을 하는 방식으로 진행했는데, 앞으로는 토론하는 방향으로 가보면 어떨까요? 강 작가는 독서량이 많고 박식할 뿐만 아니라 스포츠업계에 대한 경험도 있는 사람이니까, 함께 의견을 공유하면 더 좋은 내용이 나올 수 있을 것 같은데요.

강 그런 기회를 주시면 저야 감사하죠. 부족한 점이 많겠지만 최선을 다해서 토론에 임하겠습니다.

조 그럼 스포츠의 본질에 대한 이야기를 진행합시다.

강 제가 어떤 일을 하더라도 그 본질이 무엇이고 왜 해야 하는가를 따지는 편인데, 주위 사람들에게는 그런 저의 모습이 좀 피곤하게 느껴지는 모양입니다.

조 하하하, 그래도 본질을 파악하는 것은 정말 중요합니다. 본질이 무엇인지를 알아야 정확한 대응방안이 나올 수 있거든요.

강 스포츠의 본질을 본격적으로 논하기에 앞서 다른 이야기들을 조금 해볼까 합니다. 삼성그룹 창업자 故 이병철 회장님이 뛰어났던 점은 한두 가지가 아니겠지만, 그중에서도 '업業의 본질'을 꿰뚫어 보는 능력이 정말 탁월했다고 하죠.

조 어떤 분야의 대가들은 뭐가 달라도 확실히 다릅니다. 복잡한 것을 단순화해서 본질을 꿰뚫어 보는 능력에 있어서는 이병철 회장님뿐만 아니라 현대그룹 창업자 故 정주영 회장님이 정말 유명했죠.

강 맞습니다. 두 분은 정말 난형난제였죠. 오래전에 읽은 『다시 이병철에게 배워라』는 책에 이런 대목이 있습니다. 이병철 회장님이 그룹 임원회의에서 "호텔업의 본질은 무엇인가?"라는 질문을 던지셨다고 해요. 어떤 임원은 서비스업이라고 하고 다른 임원들도 제각각 답을 내놨는데, 단 한 사람도 이병철 회장님이 요구한 정답을 내놓지 못했습니다.

조 이병철 회장님이 꿰뚫어 본 호텔업의 본질은 무엇이었나요?

강　부동산업입니다. 그래서 호텔업에서 중요한 것은 첫째도 입지, 둘째도 입지라는 것이죠.

조　전적으로 공감합니다. 여행을 다녀 보면 왜 이것이 정답인지 이해가 되죠. 특히 처음 가는 곳에서 두드러지는 점인데, 숙박비 얼마 아끼려고 외진 장소에 숙소를 잡았다가는 불편은 불편대로 겪고 숙박비 아낀 돈을 교통비로 다 토해내는 일이 생기잖아요. 그리고 교통뿐만 아니라 경관을 비롯한 다른 측면에서도 입지에 따라서 호텔의 가치가 달라지죠. 이제는 잠시 정주영 회장님 이야기를 해볼까요. 달랑 조선소 설계도 한 장과 거북선이 그려진 500원짜리 지폐를 들이밀고 배를 수주해서 조선소를 건설한 일화가 참 유명하잖아요.

강　신화처럼 통하는 에피소드죠. 배를 만들어 본 경험도 없는데 어떻게 배를 수주하고 조선소를 건설하느냐고 다들 반대했는데, 정주영 회장님은 "해보기나 했어?"라는 자세로 저돌적으로 밀어붙여서 말도 안 되는 일을 현실로 만들었습니다.

조　다른 사람들의 눈에는 무모하게 보였을지 모르지만, 정주영 회장님은 조선업의 본질을 꿰뚫어 보았던 겁니다. 배의 본질을 어떻게 보아야 할까요?

강　정주영 회장님은 '바다에 떠다니는 물체' 정도로 여기지는 않았을 것이 분명합니다.

조　맞아요. 배를 '각종 기계류의 조합'으로 파악하셨어요. 기계라면 우리 힘으로 충분히 만들고 조립할 수 있다고 본 것이죠. 배를 그냥 배라고 생각했으면 달려들지 못했을 것이지만요.

스포츠의 본질은 문화 콘텐츠 제조업

강　현대의 조선업 진출은 정주영 회장님의 대단한 통찰력을 단적으로 보여준 사례라 하겠습니다. 그럼 다시 우리의 본론으로 넘어가죠. 조 대표님이 생각하는 스포츠의 본질은 무엇입니까?

조　스포츠의 본질은 문화 콘텐츠contents 제조업입니다.

강　문화 콘텐츠라는 말씀은 대략 이해가 됩니다만 제조업이라는 표현은 다소 의외입니다. 예전에 프로야구단에서 근무했던 선배님이 "프로야구는 4차 산업이다"라는 표현을 자주 쓰셨는데, 조 대표님은 2차 산업인 제조업이라고 하시네요.

조　먼저 인류의 감각과 문화사文化史에 대한 이야기를 간략하게 할 필요가 있습니다. 인간은 시각視覺, 청각聽覺, 미각味覺, 후각嗅覺, 촉각觸覺의 오감伍感을 가지고 있어요. 오감이 괴로우면 불행하게 되고, 오감이 만족되면 행복해집니다. 만약 다섯 가지 감각 중에서 네 가지를 포기하고 단 하나만 지켜야 한다면 대다수의 사람들이 시각을 택할 거예요.

강　저 역시 시각을 택할 겁니다. 없으면 답답한 정도가 가장 심한 것이 시각일 것 같네요.

조　시각과 관련한 문화 콘텐츠는 미술이라는 용어로 요약할 수 있죠. 지금까지 남아있는 가장 오래된 미술은 원시인들의 벽화입니다. 이후 시대와 장소에 따라 유화, 수채화, 수묵화 등 다양한 회화가 발전했어요. 시각적 요소와 청각적인 측면이 융합된 문화 콘텐츠로는 오페라가 등장했죠. 그러다가 19세기 말에 사진기가 발명되면서 순간의 모습을 보존할 수 있는 수단이 생기게 되었고, 더 나아가 움직이는 영상과 소리를 보존하고 재생할 수 있는 기술로까지 발전했어요. 이렇게 시각과 관련한 일련의 문화 콘텐츠 중에서 가장 최근에 정립된 것들 중 하나가 바로 스포츠입니다. 스포츠가 최초로 상업화된 시각 콘텐츠로 등장한 사례는 홈런왕 베이브 루스Babe Ruth, 본명은 George Herman Ruth, Jr의 경기 영상이라고 할 수 있죠. 그리고 스포츠는 일대일 또는 편을 나눠서 경쟁하기를 즐기는 인간의 본성을 아주 잘 충족하는 콘텐츠입니다.

강　스포츠가 시각과 관련된 문화 콘텐츠라는 말씀은 잘 이해했습니다. 그렇다면 제조업으로 규정하는 이유는 무엇입니까?

조　전에 농업과 어업의 성격을 비교한 적이 있었죠. 농업은 근면의 상징인 반면에, 어업은 근면성도 물론 필요하지만 약간의 도박성이 동반됩니다. 둘 중에서 상대적으로 가치가 높은 것은 꾸준한 면이 있는 농업이지만, 리스크risk를 줄이면서 수익성을 높이려면 농업과 어업을 같이 하는 것이 바람직하죠. 이렇게 농업과 어업의 성격을 결합하여 산업적인 가치를 달성하는 것이 바로 제조업입니다.

강 농업과 어업의 성격을 결합했다는 대목까지는 이해가 됩니다.

조 제조업은 일정한 공정process에 따라 투입물input을 넣어서 산출물output을 만들어내는 성격을 가지고 있습니다. 스포츠가 왜 제조업인지 축구의 예를 살펴봅시다. 전체 공정의 출발은 유소년 육성이고, 농업으로 치면 파종 또는 모내기에 해당하는 일이죠. 이후 우수한 선수를 골라내서 단계별로 훈련시키는 등 공정 단계별로 갖가지 투입물을 넣어서 경기라는 결과물을 만들고, 뒤에 더 이야기하겠지만 최종적으로는 '행복의 가치'라는 산출물을 판매하게 됩니다. 일반 기업의 제조업과 차이점이 있다면 상대적으로 시간이 많이 걸린다는 것이에요. 유소년 육성 단계부터 제대로 된 결과물이 나오기까지 걸리는 시간은 최소 10년이 필요합니다. 그리고 위스키처럼 시간이 지날수록 숙성되면서 가치가 더 높아지게 되죠.

강 스포츠가 왜 제조업인지 이제야 이해됩니다. 그렇다면 다른 문화 콘텐츠와 스포츠의 차이점에는 어떤 것들이 있을까요?

조 스포츠는 종합예술이고, 어떤 문화 콘텐츠보다도 투입input 대비 산출output 비율의 예측 가능성이 뛰어납니다. 영화를 예로 들면, 일정한 제작비를 들였을 때 얼마의 수익이 발생할지 예상하기가 너무 어렵잖아요. 반면 스포츠는 일정 예산을 선수단 구성에 투입하면 어느 정도의 경기력이 발휘될 수 있고 그것이 얼마의 수익으로 연결될 수 있을지를 예상하는 것이 비교적 용이합니다. 거의 유일한 변수는 선수들의 부상이죠.

강 그 외에 스포츠의 특성으로는 어떤 것들이 있을까요?

조 주요 특성으로 꼽을 수 있는 것은 반복성, 정기성, 융복합성입니다. 영화 한 편을 찍으려면 시나리오, 배우 캐스팅casting, 촬영 등을 처음부터 새로 다시 해야 하고, 상영할 수 있는 기간도 제한되어 있잖아요. 반면 스포츠는 일정한 공정process을 가지고 반복적이고 정기적으로 최종 산출물을 만들어낼 수 있습니다. 일정한 경기장에서 이미 구성된 선수단을 가지고 정해진 스케줄에 따라 반복적으로 경기를 치르게 되고, 그러면서도 매 경기 다른 내용의 콘텐츠를 만들어내게 되죠. 그리고 음악, 율동 등 여러 문화 콘텐츠 요소들, 게다가 팬들의 참여까지 더해진다는 점에서 융복합성이 뛰어나요. 다른 문화 콘텐츠에서는 소비자가 생산과정에 직접 참여하는 일이 거의 없거든요.

강 팬들의 참여라는 차원에서 한국 프로스포츠의 응원문화는 세계적으로 가장 뛰어난 것 같습니다.

조　맞아요. 한국 프로야구의 응원문화는 단연 최고입니다. 외국 사람들이 와서 보면 그렇게 열정적이고 흥겨운 응원문화는 다른 어디에 가도 존재하지 않는다고 하면서 깜짝 놀라죠. 미국 메이저리그를 클래식 공연에 비유하자면 한국 프로야구는 록 콘서트rock concert라 할 수 있습니다.

강　얼마 전에 재미교포인 친척들이 한국에 왔는데, 야구장을 꼭 가보고 싶다고 해서 함께 갔어요. 양편으로 갈려서 일사불란하게 응원하는 모습에도 놀라고, "팬들이 어떻게 저 많은 응원가를 다 외우고 따라 부르느냐?"며 신기해하더군요.

스포츠는 어떻게 행복을 제조하는가?

조　다음 이야기로 넘어가기에 앞서 질문을 하나 해볼게요. 강 작가는 어떤 때 행복을 느낍니까? 생각나는 대로 이야기를 해보세요.

강　맛있는 음식을 먹을 때, 적당하게 운동하고 기분 좋게 땀을 흘렸을 때, 좋은 음악을 듣거나 영화를 볼 때, 재미있는 책을 읽을 때, 여행 다니면서 새로운 경험을 할 때 등등. 갑작스럽게 떠올리다 보니 이 정도가 생각납니다.

조   사람마다 행복을 느끼는 일은 제각각 다르겠지만, 행복의 종류는 크게 '육체의 행복'과 '정신의 행복'으로 나눌 수 있어요.

강   세부적으로 더 나눌 수도 있겠지만 크게 보면 그렇겠네요.

조   지금 우리는 단군 이래 최고의 삶의 질을 누리고 있습니다. 지금처럼 잘 먹고 잘 입고 좋은 집에 살았던 적이 언제 있었나요? 그런데 사람들은 불행하다고 말합니다. 왜일까요? 정신, 즉 뇌가 행복하지 못하기 때문이에요.

강   동감합니다.

조   사람들에게 뇌의 행복을 가져다줄 수 있는 가장 효과적인 수단이 스포츠입니다. 하이파이브high five, 허깅hugging, 샤우팅shouting, 아이컨택eye contact, 커뮤니케이션communication을 할 때 우리는 행복을 느끼게 되는데, 일상생활에서는 그런 것들을 할 기회가 좀처럼 없잖아요. 스포츠에는 그런 요소들이 모두 녹아있단 말입니다. 사람들이 평소에는 억압받아서 분출할 수 없는 행복의 요소를 생산해서 파는 것이 제가 하는 일이에요. 그리고 혼자가 아니라 같은 생각을 가진 많은 사람들이 모여서 함께 분출할 수 있기 때문에 그 가치는 더 커지게 됩니다.

강   스포츠는 힘든 삶에 지친 사람들의 영혼을 달래주는 역할도 하죠.

조 맞아요. IMF 사태가 터져서 실의에 빠져있던 국민들이 박세리, 박찬호 선수의 활약을 보고 위안을 얻고 희망을 가졌던 것이 대표적인 사례일 겁니다. 박세리 선수가 맨발로 물에 들어가 워터 헤저드water hazard에 빠진 공을 꺼내 우승하던 장면에서는 모두들 카타르시스를 느꼈잖아요. 이런 것들을 돈으로 환산하면 엄청난 금액이 되겠죠.

강 보험업계를 떠나 스포츠계에 뛰어들기로 결심할 당시 스포츠를 통해 사회에 의미 있는 일을 할 수 있겠다고 생각하셨던 핵심이 바로 이것이었네요.

조 그렇습니다. 이제 강원FC 이야기로 되돌아가죠. 강원도 인구가 약 150만 명이고 강원도가 고향이면서 타지에 거주하는 출향민이 거의 같은 수이니, 강원도민의 수는 총 300만 명 정도로 추산됩니다. 그리고 강원도민들은 어느 지역보다도 애향심이 강한 분들이고요. 그런데 강원도에서 내세울 수 있는 콘텐츠는 설악산, 동해바다 등 거의 자연과 관련된 것들이고, 문화 콘텐츠 차원에서는 축구 외에 내세울 것이 사실 마땅치 않았어요. 강원FC가 진정으로 강원도를 대표할 수 있는 문화 콘텐츠 역할을 하게 만드는 것이 지금 제가 하는 일입니다. 현재 강원FC가 창출하고 있는 행복의 가치는 과연 얼마일까요?

강 300만 강원도민이 느끼는 행복의 가치를 1인당 평균 1만 원으로만 계산해도 300억 원이 되는 셈이네요.

조   몇 년 동안 2부 리그에서 헤매던 강원FC가 1부로 올라와서 당당히 아시아 챔피언스 리그 진출에 도전하고 있는 지금, 강원도민들이 강원FC를 통해서 1년 동안 느끼는 행복과 자부심의 가치가 영화 한 편 보는 돈에 불과한 1만 원밖에 안 될까요? 적어도 그 몇 배는 족히 될 겁니다. 따라서 강원FC가 200억 원의 돈을 쓸 수 있는 명분이 충분하다고 저는 확신해요.

제가 태어나서 살고 있는 강릉은 축구의 고장입니다. 강원FC가 창단할 때 강원도민들이 주주株主로 적극 참여하고 성원을 보냈는데, 그동안 강원FC는 도민들의 기대에 부응을 못했어요. 계속 하위권에서 헤매다 2부 리그로 추락하는 것을 보고 마음이 많이 아팠었죠. 이렇게 1부 리그로 올라오고 스타 선수들을 영입해서 잘하고 있는 것을 보니 응원하면서 기분이 정말 좋고, "진짜로 뭔가 일을 내겠구나"라는 느낌이 듭니다. 최문순 도지사님이 조태룡 대표를 영입한 것은 '신의 한 수'였고, 열정적이고 유능한 리더가 팀을 어떻게 바꿔놓을 수 있는지 제 두 눈으로 똑똑히 보고 있습니다. 정치적인 면에서 저는 최문순 도지사님과 같은 진영이라 하기는 어렵지만, 강원FC와 관련해서는 칭찬을 아끼고 싶지 않습니다. 1년간 강원FC에 쓰는 예산으로는 다리 하나 놓으면 고작인데, 그 돈으로 도민들에게 엄청난 기쁨을 안겨주고 있잖아요. 안타까운 사실이지만 강원도는 다른 지역에 비해 많이 낙후되어 있고, 자랑스럽게 내놓을 수 있는 무언가가 절실히 필요합니다. 그런 점에서 아시아 챔피언스 리그를 향한 강원FC의 위대한 도전이 꼭 성공했으면 좋겠습니다. 앞으로 강원FC가 강원도의 자랑스러운 상징이 되어 도민들의 구심점 역할을 하고 무한한 자긍심을 주

기를 진심으로 희망합니다. 그렇게 된다면 저에게는 100억 원 이상을 주고도 느낄 수 없는 행복을 주게 될 것입니다.

홍범창 (46세, 강릉 출신, 강릉 거주)

조태룡 대표가 부임해서 열정적으로 일하는 모습을 보고 좋은 인상을 받았지만, 처음에는 솔직히 기대 반, 걱정 반의 심정으로 지켜봤습니다. 지금 강원FC가 1부 리그로 올라와서 당당히 싸우고 있는 것을 보며 강원도민으로서 뿌듯함을 느끼고 있고, 만약 조태룡 대표가 없었다면 이런 모습은 결코 불가능했을 것 같네요. 저는 강원FC가 아시아 챔피언스 리그에 진출할 것이라고 굳게 믿고 열심히 응원하고 있지만, 설령 아시아 챔피언스 리그에 진출하지 못하더라도 전혀 실망하지 않을 겁니다. 올해 안 되면 내년에 다시 도전하면 되는 것이고, 사실 2부 리그에서 막 올라온 팀이 상위 스플릿 진출만 해도 충분한 성공으로 봐야죠. 그렇지만 저는 여전히 기대 반, 걱정 반의 심정으로 지켜보고 있습니다. 아무리 화려한 선수들을 영입했다 하더라도 곧바로 완성된 팀을 만들 수 있는 것은 아닌데, 아시아 챔피언스 리그 진출이라는 목표를 이루지 못하면 잘 알지도 못하는 사람들이 이러쿵저러쿵 뒷말을 할까봐 걱정입니다. 부디 쓸데없는 말이 나오지 않도록 깔끔하게 아시아 챔피언스 리그 진출을 이뤄냈으면 좋겠네요.

김덕기 (44세, 강릉 출신, 강릉 거주)

저의 고향 팀인 강원FC의 창단 첫 경기를 상암 월드컵경기장에서 보던 날이 지금도 생생하게 떠오릅니다. 선수들이 입장하던 장면에서는 마치 국가대표

경기를 보는 것처럼 가슴이 울컥하면서 눈물이 나더라고요. 타지에서 태어난 저의 아이들은 그 감정을 이해하지 못할 겁니다. 몇 년 동안 2부 리그에 떨어져 있다가 1부에 올라와서 잘하고 있는 모습을 보면서 정말 뿌듯하고, 올해 강원 FC가 저에게 주는 행복은 1년 연봉을 다 털어 넣어도 아깝지 않을 정도입니다. 사실 9위 정도만 해도 저는 충분히 만족할 텐데, 상위권에서 당당히 싸우고 있는 것을 보니 어깨가 으쓱해지고 애향심과 자긍심이 샘솟게 되네요. 고향에서 멀리 떨어져 살고 있는 관계로 홈경기는 잘 참관하지 못하지만, 수도권에서 열리는 원정경기는 가족들을 동반하고 거의 다 챙겨 보고 있습니다. 주위 사람들 한테도 강원FC를 열심히 홍보하고 있고요. 강원FC 화이팅!

홍성배 (51세, 횡성 출신, 인천 거주)

강 위에서 말씀하신 내용 외에 조 대표님 개인적으로 스포츠를 통해 얻은 행복의 가치는 무엇이었습니까?

조 예전에 일중독에 빠져있다 보니까 가정적으로 문제가 생겼다는 이야기를 간단히 했잖아요. 딸아이가 한창 감수성이 예민할 때 제대로 챙겨주지도 못했고, 그 결과 부녀관계가 결코 원만하지 못했습니다. 제가 프로야구단 단장이 됐을 때 딸아이가 중학교 2학년이었죠. 그때부터 딸아이와 나란히 앉아서 야구경기를 보곤 했는데, 같은 팀을 함께 응원하고 환호하면서 둘 사이를 가로막던 두꺼운 장벽이 서서히 무너지는 느낌이 들더라고요.

강 따님과의 관계에서 일대 전환점이 마련되었네요.

조　닫혀있던 부녀간 대화의 문이 서서히 열리게 되었죠. 친구 관계는 어떻고, 학교에서는 어떤 일이 있었고, 미래에 어떤 일을 하고 싶은지 등등에 대한 다양한 대화를 함께 야구를 보면서 나눌 수 있었어요. 아마 야구가 없었으면 여전히 딸에 대해 전혀 아는 것이 없고 이해하지 못하는 아빠로 남았을 가능성이 매우 높아요. 딸아이 역시도 아빠와 함께 야구경기를 보던 것이 평생 좋은 추억으로 남게 될 겁니다.

강　스포츠가 가지는 진정한 가치가 무엇인지 정확히 이해가 됩니다.

조　그러한 과정들이 승리라는 결과보다 더 중요한 게 아닐까요? 선진국들이 스포츠를 중시하는 이유가 바로 이런 것입니다. 사실 우리는 전쟁으로 잿더미가 된 이후 먹고사는 문제부터 해결하기 바빠서 스포츠의 진정한 가치를 추구할 수 있는 토양이 형성되지 못했어요. 그렇다면 지금부터라도 올바른 방향으로 가도록 노력해야죠.

스포츠 산업에 필요한 인재의 유형

강　제가 17년 전에 겪었던 일이 생각납니다. 제가 한국야구위원회 KBO를 그만두고 스포츠 마케팅 관련 사업을 할 때의 일인데요, 저희 회사에서 운영하는 홈페이지에 어느 고등학생이 스포츠 마케팅을 하려면 대학의 무슨 과에 가야 하냐고 질문을 했어요. 그래서 제가 체육학과보다는 경영학과나 법학과에 가라고 조언을 했는데, 그것을 본 체육학과 교수 한 분이 저한테 강력하게 항의를 하더군요.

조 하하하, 강 작가가 틀린 말을 한 것은 아니지만 그 교수님 입장에서는 기분 나쁠 수도 있었겠네요. 체육을 전공한 사람도 필요한 것은 사실입니다. 그러나 체육 전공자만으로 스포츠 콘텐츠를 만들어낼 수 있는 것은 분명 아니죠.

강 스포츠계가 발전하기 위해서는 다양한 능력을 가진 사람들이 모여야 한다는 말씀에 전적으로 공감하는데, 과연 어떤 인재들이 필요할까요?

조 어느 분야나 마찬가지겠지만, 스포츠 산업 또한 오프라인off-line에서 온라인on-line으로 무게중심이 이동하고 있습니다. 예전의 스포츠 산업은 단순한 경기 관람 목적에서 경기장을 찾는 양상이었는데, 지금은 사람들이 집에서 편안하게 앉아 음식을 먹으면서 TV와 인터넷으로 관람하는 것을 예전보다 선호하게 되었죠. 경기장에서 직접 관람을 하는 것은 공간 이동의 제약과 경기장 수용인원의 한계가 있는 반면, 온라인으로 스포츠를 즐기는 것에는 그러한 제약이 전혀 없어요. 그리고 시장이 국내로 국한되지 않고 해외로 확대될 수도 있습니다.

강　온라인으로 스포츠 산업의 무게중심이 이동하면서 어떤 변화가 일어나고 있는지 구체적으로 설명을 부탁드립니다.

조　사각四角 프레임frame 안에 콘텐츠를 넣어서 백업backup하는 것이 무엇보다도 중요한 작업이 되었습니다. 콘텐츠의 색상과 형태는 어떻게 할 것이며, 그것에 어떤 음향과 스토리를 입힐 것인지가 중요한 관건이 되죠. 그 외에도 방송 캐스터와 해설위원의 수준, 카메라의 수와 구도 등이 복합적으로 작용하며 콘텐츠의 질을 좌우합니다. 결론적으로, 사각 프레임에 어떤 콘텐츠를 넣느냐가 드라마, 예능, 음악 등 다른 문화 콘텐츠와의 경쟁에서 승부를 가르게 될 겁니다. 아직까지 한국의 프로축구는 사각 프레임 안에 콘텐츠를 넣는 노하우가 많이 부족한 것이 사실이에요.

강　그러한 변화에 따라서 전통적인 스포츠 산업 종사자 외에도 새로이 필요한 유형의 인재들이 많겠네요.

조　그렇죠. 미술과 디자인 전문가, 카피라이터copywriter, 음악 전문가, 음향 전문가, 의상 전문가, 사각 프레임 제작에 필요한 기계를 잘 다룰 수 있는 사람 등 콘텐츠 제작 관련 전문가들이 필수적입니다. 그 외에도 선수들의 심리를 다룰 수 있는 심리치료 전문가, 전력 분석을 할 수 있는 통계 전문가와 비디오 분석가, 그리고 이 모든 것을 지휘할 경영 전문가가 필요하죠.

강　스포츠 산업에 진출하기를 희망하는 젊은이들에게 정말 좋은 조언을 주신 것 같습니다.

조　하나만 더 이야기하죠. 해당 종목의 선수 출신들이 담당할 영역은 경기와 관련된 영역으로 제한하고 경영 전문가와 콘텐츠 전문가를 양성하는 것이 한국 스포츠 산업의 중요한 과제 중 하나입니다.

창조는 편집이다

조　또 다른 차원의 이야기로 넘어가 봅시다. 지금 강 작가는 창작을 하는 직업에 종사하고 있으니 일종의 창조를 하는 사람이잖아요. 강 작가가 하고 있는 창조는 어떤 성격이라고 봅니까?

강　사실 제가 완전히 새로운 것을 만들어낸다고 보기는 어렵습니다. 사용하는 어휘들도 이미 존재하는 것들이고요. 기존에 존재하는 사실을 저 나름대로 해석하고, 이미 존재하는 어휘를 효과적으로 배열해서 독자들이 이해하기 쉽게 풀어내고, 거기에 저의 주관적인 견해를 덧붙이는 정도가 제가 하는 일입니다. 솔직히 말하면 주관적인 견해라는 것도 혼자 만들어냈다기보다는 다른 사람들의 의견을 받아들이면서 형성된 것이겠죠.

조　제가 말하고 싶은 핵심을 강 작가가 거의 다 이야기한 것 같네요. 사람들은 창조라고 하면 아주 거창한 것으로 생각하는데 사실은 그렇지 않아요. 김정운 전 연세대 심리학과 교수가 에디톨로지Editology, 우리말로 표현하면 '편집학編輯學'이라고 할 수 있는 것을 주창했습니다. 김정운 교수는 생전 듣도 보도 못한 것을 생각해낼 수는 없음을 강조하면서 "더 이상 창조는 없다. 편집일 뿐이다"라고 했어요. 저 역시 "하늘 아래에 더 이상 새로운 것은 없다"라는 말을 자주 하죠.

강　저도 김정운 교수 책을 정말 인상 깊게 보았습니다. 조 대표님 말씀대로 하늘에서 갑자기 뚝 떨어지는 것은 사실상 없다고 함이 맞을 겁니다.

조　창조라는 것은 결국 기존에 존재하는 것들을 편집, 조합하는 것이에요. 흔히 말하는 노하우라는 것은 결국 '조합 능력'이죠.

강　전적으로 공감합니다. 저도 평소에 "노하우는 조합 능력이다"라는 표현을 자주 쓰는데 조 대표님과 이심전심으로 통하네요. 노하우라는 것이 알기 전에는 어려운 것 같지만 알고 보면 별 것 아닌 경우가 정말 많죠. 흔히 말하는 영업비밀이라는 것은 기존에 존재하는 것들을 조합하는 나름의 방식이라고 보면 될 겁니다.

조　지식의 양상도 확 바뀌고 있습니다. 과거에는 정보에 대한 접근이 쉽지 않았고, 지식은 정보를 정확하게 그리고 많이 이해하는 것을 의미했어요. 하지만 이제는 정보가 넘쳐나고 검색을 누구나 할 수 있게 된 세상이 되었잖아요.

강　맞습니다. 인터넷 검색창에 검색어만 치면 어지간한 정보는 금방 수집이 가능하죠. 약간의 비용만 지불하면 고급 정보도 어렵지 않게 얻을 수 있고요.

조　이렇게 세상이 달라지면서 단순히 많이 아는 것은 큰 의미가 없게 되었어요. 현재와 미래의 지식은 수많은 정보와 정보 사이의 관계를 남들과 다른 방식으로 엮어내는 것을 의미합니다. 최근 각광받고 있는 빅 데이터big data와 데이터 마이닝data mining 역시 정보 간의 상관관계를 찾아 엮어내는 것이죠.

강　정확한 말씀입니다. 정보 사이의 연관성을 파악하고 엮어내는 능력이 너무나도 중요한 세상이 되었죠.

조　김정운 교수가 독일 유학 시절의 경험을 소개한 것이 있어요. 우리는 으레 노트에 필기를 하는데, 독일 학생들은 카드에 필기를 하더라는 겁니다. 한국 학생들이 사용하는 노트와 독일 학생들이 사용하는 카드의 차이점은 바로 '편집 가능성'에 있다는 것이죠. 노트는 편집이라는 것을 할 수 없고 통째로 외우게 되잖아요. 반면에 카드는 주제에 따라 자유자재로 재배열을 할 수 있고, 그 결과 배운 내용들 간의 연관성을 찾아내기 용이하더라는 것이죠. 어느 쪽의 학습 효과가 더 높을지는 굳이 말하지 않아도 될 겁니다.

강 정말 재미있는 대목이었습니다. 학습 도구에서도 편집 가능성을 고려하는 독일인들의 노하우가 인상적이었어요.

조 자연을 돌아봐도 조합에 의한 창조의 사례가 많습니다. 탄소를 예로 들어보죠. 똑같은 탄소 원자가 결합하는 방식에 따라 다이아몬드가 되기도 하고 석탄이 되기도 하고 탄소섬유가 되기도 하잖아요.

강 맞습니다. 주위를 돌아보면 그런 사례들이 정말 많죠. 살짝 다른 주제의 이야기지만, 사회생활을 시작하지 않은 학생들에게 저는 이런 이야기를 해줍니다. 사회에서 부딪히는 문제들은 학교에서처럼 객관식으로 정답을 명확하게 고를 수 있는 것이 아니다. 그렇기 때문에 사회생활의 성패를 좌우하는 요소는 시험 점수가 아니고, 명확한 정답이 없는 복잡한 문제를 해결하는 능력이다.

조 맞아요. 그렇기 때문에 조합 능력이 중요하죠. 그리고 시대가 많이 변하고 있기 때문에 문제해결의 양상이 많이 달라지고 있어요. 산업사회는 전문화의 시대였고, 특정 분야에 깊이 있는 지식을 가진 스페셜리스트specialist가 대우받았습니다. 그런데 정보화 사회, 지식기반 사회로 넘어오면서 학문과 산업 분야 사이의 장벽이 붕괴되며 융복합融複合이 일어나고 있거든요. 이런 시대에서 살아남기 위해서는 특정 분야에 대한 지식만으로는 곤란하고, 다양한 상황들을 꿰뚫어 볼 수 있는 통찰력insight이 반드시 필요합니다.

강 그렇다면 통찰력을 갖추기 위해서는 무엇이 필요하겠습니까?

5퍼센트 법칙

조 호기심이 반드시 있어야죠. 호기심이 있어야 사물을 지속적으로 관찰할 수 있습니다. 그럼 무엇을 관찰해야 할까요? 바로 사물의 디테일detail이에요. 대충 관찰해서는 통찰력이 생기지 않습니다.

강 통찰력, 호기심, 관찰, 그리고 디테일. 짤막하지만 강렬한 화두입니다.

융복합이 만들어가는 새로운 세계

조 강 작가가 가장 존경하는 인물은 누구입니까?

강 저는 조금의 주저함도 없이 故 리콴유Lee Kuan Yew 싱가포르 전 수상을 꼽습니다.

조 하하하, 대한민국 최고의 싱가포르 전문가인 강 작가라면 당연히 내놓을 것이라 예상했던 답이네요. 리콴유 수상을 존경하는 이유는 구체적으로 뭡니까?

강 여러 가지 이유가 있지만, 가장 중요한 것은 '인간본성에 대한 통찰'입니다. 인간의 이기적인 본성을 정확하게 꿰뚫어 보았기 때문에 올바른 정책을 펼 수 있었고, 그 결과 싱가포르를 번영의 길로 이

끌었지요. 그럼 조 대표님이 존경하는 인물은 누구입니까?

조　몇 사람이 있지만, 여기서는 故 스티브 잡스Steve Jobs를 언급하려고 합니다.

강　여러 해 전에 제 친구가 스티브 잡스를 '스티브 잡놈'이라고 부르더라고요. 그때는 왜 그렇게 부르는지 몰랐는데, 나중에 스티브 잡스에 대한 책을 읽어봤더니 인간 자체는 진짜 잡놈이 맞더군요. 저 같으면 그런 캐릭터를 가진 사람과는 단 하루도 일을 못했을 겁니다.

조　하하하, 스티브 잡스가 인간적으로는 결함이 많은 사람임을 부인하기 어려워요. 그렇지만 특유의 창의적 능력과 상상력을 발휘해서 인간세계를 밝게 만들고 간 인물이죠.

강　스티브 잡스가 가졌던 창의적 능력의 핵심은 무엇일까요?

조　스티브 잡스 자신은 아주 뛰어난 기술자가 아니었어요. 그가 보여주었던 창의성의 원천은 기술과 예술을 넘나들 수 있는 능력이었죠. 대부분의 기술자들은 예술을 이해하지 못하고, 예술가들은 과학기술에 무지하단 말입니다. 반면 스티브 잡스는 기술과 예술 간의 간극을 채우고 아우르는 데에 탁월했어요. 미학적 감각을 기술에 접목했고, 그럼으로써 기술에만 집착하는 경쟁자들과 차별화된 성과를 이루어낼 수 있었던 것입니다.

강   한마디로 요약하자면 인문학과 과학기술의 교차점에 있었던 인물이라 하겠네요.

조   그리고 스티브 잡스의 천재성은 기존의 제품을 개량해 새로운 제품을 만들어내는 편집 능력에 있었습니다. 스티브 잡스는 남의 아이디어를 훔치는 것도 주저하지 않았고, 최고의 아이디어를 찾아내서 자신이 하는 일에 접목하려 노력하는 것을 부끄러워하지 않은 사람이에요.

강   흔히 마우스가 스티브 잡스의 발명품인 것으로 알려져 있지만 사실은 그렇지 않다면서요?

조   맞아요. 정작 마우스를 발명한 사람은 따로 있는데, 당사자는 그 가치를 알아채지 못했죠. 마우스의 진가를 알아본 스티브 잡스가 특허권을 구입하여 마우스를 기반으로 한 그래픽 인터페이스graphic interface를 개발한 겁니다. 마우스 이전과 이후의 컴퓨터가 어떻게 달라졌는지는 제가 일일이 이야기하지 않아도 되겠죠?

강   그건 저도 잘 알고 있습니다. 마우스가 없었을 때에는 컴퓨터 사용이 말도 못하게 불편했었죠. 지금 생각해 보면 마우스 없이 어떻게 살았나 싶습니다.

조   애플의 히트상품인 아이팟i-Pod, 아이폰i-Phone, 아이패드i-Pad는 사실 기술적으로 아주 뛰어난 제품들은 아니었어요. 그런데 왜 그렇게 시장을 평정하게 되었을까요?

강   솔직히 저는 IT(정보기술) 쪽에 아는 것이 별로 없어서 쉽게 답을 못하겠습니다.

조   아이팟 등장 이전에 시장을 지배하던 것은 우리나라의 아이리버Iriver를 비롯한 MP3 플레이어였죠. 사실 아이팟이 아이리버보다 기술적으로 우월하다고 보기는 어렵습니다. 그런데 애플은 아이팟에 '터치touch'라는 미학적 개념을 도입해 MP3 플레이어를 완전히 대체하는 히트상품으로 만들 수 있었죠.

강   그 잘나가던 아이리버가 아이팟의 등장으로 인해 한 방에 훅 가버렸던 것은 알고 있습니다.

조   이제 아이폰 이야기를 해봅시다. 아이폰이 등장할 무렵 삼성전자 수뇌부는 삼성 휴대폰이 아이폰보다 기술적으로 훨씬 앞서있다고 자신했고, 아이폰과 관련한 경고를 귀담아듣지 않았다고 해요. 아이폰이 가진 융합融合, convergence과 미학美學의 가치를 무시했던 겁니다.

강   그 대가를 톡톡히 치르고 혼쭐이 났던 것으로 압니다. 그나마 삼성은 비교적 잘 버텨냈지만 긴 세월 동안 세계 휴대폰 시장을 지배하던 노키아Nokia는 완전히 맛이 갔고요.

5퍼센트 법칙

조　아이폰의 본질은 분화된 IT 기기들을 융합한 것입니다. 아이패드도 마찬가지고요. 둘 다 기술적으로는 아주 뛰어난 제품이라 할 수 없지만, 통합된 기능으로 사용자 편의를 높임으로써 시장을 장악할 수 있었죠. 애플의 강점은 디자인, 하드웨어, 소프트웨어, 콘텐츠를 하나의 패키지로 세밀하게 통합한 디지털 허브digital hub를 구축한 것에 있다고 하겠습니다.

강　듣고 보니 충분히 이해가 됩니다.

조　스티브 잡스 이야기는 이쯤에서 마무리하고 우리나라에서 엄청난 성공을 거둔 카카오톡을 잠시 언급해 보죠. 카카오톡Kakaotalk이 기술적으로 대단한 것일까요?

강　솔직히 그런 것 같지는 않습니다.

조　맞아요. 카카오톡 이전에도 MSN 메신저나 네이트온 등 PC 기반의 비슷한 메신저 서비스들이 이미 있었죠. 카카오톡은 PC 기반의 메신저 서비스를 모바일mobile 기반으로 응용한 것에 불과합니다. 그런데 지금은 대단한 위력을 가진 플랫폼platform으로 자리 잡았고, 그 플랫폼을 기반으로 다양한 사업을 펼쳐나가잖아요.

강　그러게요. 카카오톡이 저렇게 성공할 거라고 예상한 사람은 거의 없었을 겁니다. 아까 스티브 잡스를 논하다가 예술 이야기가 나온 김에 지금부터는 음악 이야기를 잠시 해볼까 합니다. 제가 가장 좋아하는 뮤지션이 잉베이 맘스틴Yngwie Malmsteen이거든요.

조 헤비메탈heavy metal 역시 제가 즐겨 듣는 장르 중 하나이고 잉베이 맘스틴은 당연히 알죠. 타의 추종을 불허하는 기타 속주로 유명했잖아요. 초창기 작품인 'Far Beyond The Sun'은 잊을 수가 없습니다. 클래식 선율이 융합된 멜로디와 숨이 멎을 것 같은 스피드의 기타 연주가 정말 압권이었죠. 잉베이 맘스틴이 창시한 장르를 흔히 바로크 메탈baroque metal이라고 부르죠?

강 네, 바로크 메탈이 정확한 명칭은 아니지만 흔히 그렇게 부릅니다. 정확하게는 클래시컬 메탈classical metal이라고 해야 하고요. 잉베이 맘스틴이 클래식 음악에 대한 조예가 깊었고 클래식을 록에 접목했다는 것은 잘 알려진 사실이죠. 사람들이 주목하는 것은 눈에 보이지 않을 정도로 빠르고 현란한 잉베이의 왼손 핑거링fingering인데, 빠르면서도 정확한 연주가 가능했던 진짜 비결은 따로 있어요.

조 그게 뭡니까?

강 대부분의 기타리스트들은 기타 줄을 피크로 하나씩 튕기는 얼터네이트 피킹alternate picking 기법을 사용하는 반면, 잉베이 맘스틴은 여러 개의 줄을 한꺼번에 훑어버리는 스윕 피킹sweep picking을 능수능란하게 구사하죠. 그렇기 때문에 짧은 시간 내에 엄청난 수의 음이 쏟아져 나올 수 있고, 또한 다른 기타리스트들과는 테크닉의 차원이 달랐기 때문에 음이 지저분하게 번지지 않고 하나하나 또렷하게 들렸던 겁니다. 여기서 진짜 중요한 사실이 뭐냐 하면, 스윕 피킹 기법의 완성은 바이올린 주법奏法을 기타에 응용했기 때문에 가능했다는 것이죠.

조   아하! 그런 스토리가 있는 줄은 처음 알았네요. 다른 악기의 주법을 응용해서 새로운 기타 연주법을 창조해냈다는 것이 정말 인상적입니다. 잉베이 맘스틴은 이래저래 훌륭한 융복합 사례가 되네요.

강   축구 국가대표를 지내고 각급 팀의 감독을 지낸 선배가 계신데, 농구 경기를 잘 보러 간다고 하더라고요.

조   농구에서 주로 관심을 둔 부분이 무엇이랍니까?

강   수비전술에서 축구에 응용할 수 있는 것들이 많다는 것입니다.

조   그렇겠네요. 농구의 대인방어man-to-man와 지역방어zone defence, 그리고 그 변형된 형태들은 축구에서도 써먹을 가치가 충분할 겁니다. 한 가지 덧붙이자면, 한국 축구의 문제점 중 하나인 개인 기술 부족을 해결하기 위해서는 농구와 유사한 성격을 가지는 3대3, 5대5, 8대8 미니게임을 훈련 과정에서 중시해야 한다고 봅니다. 볼터치의 증가를 통해 기술적인 발전을 이룰 수가 있고, 이것은 공격력 향상으로 이어지게 되겠죠.

강   저희 아버지가 예전에 사업을 하실 때 주 종목이 비철금속非鐵

金屬 중에서도 납鉛이었거든요. 아시다시피 납은 무르고 가공이 쉽잖아요. 그래서 납을 다루는 같은 업종의 사람들에게서는 가공법에 대해 별로 배울 것이 없다는 겁니다. 아버지는 더 단단하고 가공이 어려운 철을 다루는 철공소에 가서 일하는 모습을 관찰하셨대요. 그랬더니 난이도가 높은 납 가공 작업에 응용할 수 있는 기법이 터득되더랍니다.

조 강 작가가 정말 좋은 이야기를 했어요. 종목이나 업종을 넘나들며 배울 수 있는 것들이 정말 많죠. 하나의 틀에 갇히지 않고 여러 분야를 섭렵하는 것이 반드시 필요합니다. 다른 부분들도 그랬지만 특히 융복합에 대해서는 강 작가와 이심전심으로 잘 통했던 것 같아요.

Chapter 7

연간 19회의
지역 축제 기획자

얼마 전 복기왕 아산시장이 경찰청 축구단을 유치하면서 "우리는 연간 18회의 축제를 유치한 것이다. 나는 한 시즌 18번의 홈경기가 드라마 이상으로 재미있는 축제라고 생각한다"고 선언했습니다. 바람직한 생각을 가진 지방자치단체장이 등장하는 것은 정말 반가운 일입니다.

왜 프로구단에게 구장을
장기임대해야 하는가?

강   앞에서는 스포츠의 본질이 무엇이며 스포츠가 어떤 가치를 창
출하는지를 살펴보았습니다. 강원FC가 도민구단이니까 스포츠와
지역사회와의 관계를 언급하지 않을 수 없겠는데요.

조   맞아요. 기업구단 역시 지역사회와의 관계가 중요하지만 도 ·
시민구단은 더더욱 그렇죠.

강   지역사회와의 관계를 본격적으로 논하기에 앞서 하나 짚고 넘
어갈 것이 있습니다. 한국 프로스포츠의 발전을 가로막는 가장 큰
요인으로 꼽히는 것이 구장 문제인데요.

조   현장에서 일하다 보면 구장 문제 때문에 애로사항이 정말 많습
니다. 연극의 4요소는 배우, 관객, 희곡, 무대라고 하잖아요. 그에 빗

대서 스포츠의 4요소를 규정하자면 경기장, 선수, 팬, 미디어media라고 할 수 있을 겁니다. 경기장은 연극의 무대에 해당하고요. 공연을 하는 사람이 무대를 알아서 잘 꾸며야 하는데, 이미 남이 대충 꾸며 놓아서 내키지 않는 무대에 오르면 제대로 된 공연 콘텐츠가 나올 수 있겠어요? 그래서 구장 장기임대 문제가 해결되어야 프로스포츠가 제대로 자리 잡을 수 있는 것인데 아직까지도 잘 해결이 안 되고 있습니다. 강 작가가 한국야구위원회KBO에서 일하던 1990년대에는 구장 문제가 더 심했죠?

강　그때는 진짜 말도 못했습니다. 구장과 관련해서 각 프로야구단과 한국야구위원회KBO가 마음대로 할 수 있는 것이 하나도 없었죠. 몇 가지 예만 들어볼게요. 팬 서비스 개선 차원에서 구단이 자비를 들여서 의자를 교체하고 싶어도 담당 공무원들이 그것조차 허락을 안 하던 세상이었습니다. 구단에게 경기장 광고권을 달라는 것은 말도 꺼내기 어려웠고요. 포스트시즌post-season에 스폰서의 광고물을 경기장에 설치하려면 운동장 관리 담당 공무원들에게 촌지를 바쳐가면서 간신히 자리를 만들어야 했습니다.

조　어휴, 제가 프로야구단에 뛰어들었던 시기는 그나마 많이 좋아진 이후네요.

강　외국 사례와 비교하면 아직도 멀었죠. 미국의 경우를 보면 지방자치단체가 막대한 자금을 투입해서 경기장을 건설하고, 구장 운영권을 구단에 거의 거저 주다시피 하면서 프로스포츠 구단 유치를 위해 경쟁하고 있잖아요.

조 한국에서도 서서히 그런 인식이 생겨나고 있기는 합니다. 야구 해설가 허구연씨가 인프라infrastructure 개선에 앞장서고 구장 운영권과 광고권을 구단에 주어야 한다고 주장하시는 것은 참 고마운 일이죠.

강 그런데 허구연씨뿐만 아니라 그 누구도 왜 구단에 구장 운영권을 주어야 하는지에 대해 명쾌하게 설명하고 있지 못합니다. 그게 참 답답한 노릇이죠.

조 그럼 강 작가는 미국 지방자치단체들이 왜 그렇게 하고 있다고 생각하나요?

강 그들이 표면적으로 내세우는 이유는 경제적 파급효과입니다. 고용창출, 후방산업 파급효과 등 프로스포츠가 지역 경제에 미치는 영향이 크다고 보는 것이지요. 하지만 수치로 나타나는 경제적인 파급효과만 놓고 보면 지방자치단체가 경기장에 그렇게까지 막대한 돈을 들여야 할 이유가 있는지는 의문이고요, 경제적인 측면에서는 솔직히 과한 투자라고 봅니다.

조 맞아요. 숫자로 나타나는 경제적 효과만 가지고 따질 수 있는 문제가 아니에요. 야구MLB, 농구NBA, 미식축구NFL, 아이스하키NHL 등 주요 프로스포츠 구단을 가지고 있느냐 아니냐에 따라 도시의 위상이 달라진다는 것이 더 큰 요인으로 작용한다고 합니다. 주요 도시^{major city}냐 그저 그런 도시^{minor city}냐가 프로스포츠 구단의 보유 여부에 따라 결정된다는 것이죠. 그리고 앞서 제가 설명한 지역사회에 스포츠가 제공하는 행복과 즐거움의 가치가 인정받고 있는 것입니다.

강 정확한 말씀입니다. 여기서 저는 정부가 해야 할 일의 본질을 따져보고 싶어요.

조 좋습니다. 어떤 일이든 본질을 정확히 아는 것은 아주 중요하죠.

강 기업의 본질은 '이윤 추구를 목적으로 하는 집단'이잖아요. 그렇기 때문에 기업은 이익이 나지 않는 일은 하지 않는 것이 원칙입니다. 반면 정부는 이윤 추구를 하는 집단이 아니죠. 도로를 건설하고 치안을 유지한다고 해서 정부에 이익이 발생하는 것은 아니지만, 사회구성원들이 그로 인한 편익便益을 두루 누리게 됩니다. 그리고 그 편익은 도로망이 부실하고 치안이 불안할 때에 발생하는 사회적 비용보다 더 클 것이 분명하죠. 정부는 이처럼 이윤 추구를 목적으로 하는 기업이 담당할 수는 없지만 투입되는 예산보다 더 큰 사회적 편익을 창출하는 일을 해야 합니다.

조 정확한 분석입니다. 스포츠가 창출하는 행복과 즐거움도 사회적 편익이라는 관점에서 봐죠. 여기서 반드시 언급하고 넘어가야 할 것이 하나 더 있어요.

강　그게 뭡니까?

프로스포츠 구단은
상설 축제 개최자

조　프로스포츠 구단은 지방자치단체를 대신해서 축제를 개최하는 존재입니다. 홈경기 수만 기준으로 해도 프로야구의 경우 연간 70회가 넘고 프로축구도 20회 안팎이거든요. 그 축제를 통해 행복과 즐거움의 가치를 지역사회에 제공하고 있고, 다른 축제와는 달리 현장에서만 관람하는 것이 아니라 방송중계를 통해서도 즐길 수 있단 말입니다. 지방자치단체는 그 대가를 지불해야 할 의무가 있고, 가장 바람직한 대가 지불 방식은 바로 구단에 축제의 마당을 제공하는 것이죠. 그래서 구장을 구단에 장기임대하는 것이 당위성을 갖는 것입니다.

강　축제라는 표현이 딱 맞는 것 같네요. 얼마 전 복기왕 아산시장이 경찰청 축구단을 유치하면서 "우리는 연간 18회의 축제를 유치한 것이다. 나는 한 시즌 18번의 홈경기가 드라마 이상으로 재미있는 축제라고 생각한다"고 선언했습니다.

조　하하하, 축제라는 표현은 제가 여러 해 전부터 쓰던 것인데 복기왕 시장께서 똑같은 말씀을 하셨네요. 누가 먼저 썼는지를 따지기에 앞서 바람직한 생각을 가진 지방자치단체장이 등장하는 것은 정말 반가운 일입니다. 축제 이야기를 조금 더 해보죠. 지금 전국의 많은 지방자치단체들이 다양한 축제를 개최하고 있잖아요.

강 화천군의 산천어축제와 같이 잘 정착해서 지역사회에 큰 파급효과를 가져다주는 축제도 있지만, 그렇지 못한 경우가 더 많을 것 같습니다.

조 맞아요. "남이 하니까 우리도 한다"는 식으로 벌여놓고 별 효과도 없이 예산만 탕진하는 사례가 정말 많습니다. 같은 예산으로 가장 큰 효과를 창출할 수 있는 축제가 스포츠라는 생각을 못하는 사람들이 너무 많아서 안타까워요.

강 다시 복기왕 아산시장 이야기로 돌아가겠습니다. 경찰청 축구단을 유치하면서 아산시는 연간 30억 원 가량의 예산을 투입하는데, 군복무를 수행하는 경찰 팀의 특성상 선수 인건비 부담이 없기 때문에 다른 구단에 비해서 적은 예산이 가능한 것이긴 하죠. 그런데 아산시는 매년 열리는 '이순신 축제'에 10억 원 이상의 예산을 쓰고 있다고 합니다. 복기왕 시장의 견해는 단기성 이벤트인 이순신 축제에 10억 원을 투입하는 것보다 연간 18회의 축구경기에 30억 원을 투입하는 것이 훨씬 더 효과가 높다는 것이죠.

조 복기왕 시장님이 정말 정확하게 보고 계시네요. 스포츠 경영을 하고 있는 사람으로서 너무나 감사할 따름이에요. 그런 인식이 더 널리 퍼지기를 간절히 바랍니다.

강　지금 나누고 있는 대화와 연관성이 있는지는 다소 의문입니다만, 주로 야구를 즐기는 저에게 두 시간 만에 끝나는 축구는 짧고 허전한 느낌을 주는 것이 사실입니다. 그런 점을 보완하고 반나절짜리 축제로 만들기 위해서 조 대표님은 매 홈경기마다 식전행사를 기획하시는 것으로 알고 있는데 맞습니까?

조　최근 콘텐츠 산업의 추세는 길이를 짧게 줄이는 방향으로 움직이고 있습니다. 사람들이 즉각적인 정보와 짧은 동영상에 익숙해졌기 때문이죠. 그렇기 때문에 스포츠에서도 시간을 단축하는 것이 세계적인 추세이고, 미국 메이저리그 야구 역시 경기시간 단축을 위해 많은 노력을 기울이고 있어요. 한국 프로야구에서도 스피드업speed-up이 화두가 되고 있는데, 그것을 빨리 달성하지 않으면 짧고 더 재미있는 콘텐츠에게 밀려날 위험이 큽니다.

강　시간을 줄이려고 하는 콘텐츠 산업의 추세와는 역행하는 조치이긴 하지만 뭔가 다른 이유가 있으니까 그런 기획을 하셨겠지요?

조　그럼요. 팬들이 강원FC 경기를 보러 평창에 오시려면 많은 시간과 경비를 투입해야 하는데, 딱 2시간짜리 콘텐츠를 보기 위해 그먼 곳까지 오시라고 하기는 죄송스럽잖아요. 기왕 오시는 김에 경기장에서 좀 더 많은 것을 즐기고 1박 2일 정도의 일정을 할애해서 주변 강원도 지역 여행까지 겸하시라는 차원에서 식전행사를 기획한 겁니다. 그렇게 되면 강원도 경제에 이바지할 수 있는 폭이 더 커지리라는 생각에서 내린 의사결정이죠.

엘리트스포츠와 생활스포츠, 닭이 먼저냐 달걀이 먼저냐?

강 이제 다른 주제로 넘어가겠습니다. 한국의 스포츠가 지나치게 엘리트스포츠 위주로 이루어졌고 앞으로는 생활스포츠에 더 중점을 두어야 한다는 비판이 많습니다. 저는 그런 주장에 동조하지 않는 입장인데 조 대표님의 의견은 어떻습니까?

조 무조건 엘리트스포츠를 우선순위에 두고 집중적으로 육성해야 한다고 봅니다. 생활스포츠가 중요하지 않다는 이야기가 결코 아니고, 양쪽에 모두 도움이 되는 방식이기 때문이에요. 한 명의 스타가 미치는 영향은 어마어마합니다. 박세리 선수가 미국여자프로골프 LPGA 무대를 평정하니까 그것을 보고 골프를 시작한 수많은 '박세리 키즈'가 자라났고, 그들이 성인이 된 후 우리나라는 여자골프의 최강국이 됐잖아요. 그러면서 골프의 대중화도 뒤따랐단 말이죠. 저는 개인적으로 박세리 선수와 더불어 김연아 선수를 아주 높게 평가합니다. 한국인은 도저히 안 되는 영역으로 여겨졌던 피겨 스케이팅에서 척박한 환경을 극복하고 세계 최고의 선수가 나온 것은 기적 같은 일이에요. 김연아 선수가 세계를 제패하면서 피겨 스케이팅의 인프라에 비약적인 발전이 이루어졌고, 지금 '김연아 키즈'가 무럭무럭 자라나고 있습니다. 몇 년이 지나고 나면 골프에서 그랬던 것처럼 제2, 제3의 김연아가 또 등장하게 될 겁니다. 박세리, 김연아와 같은 스타를 집중 육성하고 프로스포츠가 발전할 수 있도록 지원하면 스포츠에 투입하는 국가예산을 절감하면서도 엄청난 파급효과를 가져올 수 있어요.

강 전적으로 공감합니다. 프로스포츠 리그의 발전이 생활스포츠 활성화로 이어지는 흐름을 저는 직접 경험했죠. 제가 대학 동아리 야구부터 사회인야구까지 거의 20년 동안 야구를 했는데, 1990년대까지만 해도 사회인야구 리그를 거의 찾아보기가 어려웠습니다. 그런데 2000년대에 들어 프로야구의 인기가 폭발적으로 증가하니까 보는 것만으로 만족하지 못하고 직접 하고 싶은 욕구를 가진 사람들의 수가 늘어나면서 사회인야구 팀과 리그가 엄청나게 늘어나더군요.

조 맞아요. 생활스포츠에 중점을 두는 '보텀업bottom-up' 방식보다는 엘리트스포츠를 우선시하는 '톱다운top-down' 방식이 양쪽을 모두 살리는 데에 훨씬 효율적입니다.

강 그런데 '엘리트스포츠 집중 육성'이라는 말보다는 '생활스포츠 활성화'가 사람들의 감성에 쉽게 호소하죠.

조　그러게 말입니다. 한정된 자원을 효율적으로 쓰기 위해서는 '선택과 집중'이 필요한데, 표를 얻어야 하는 정치인들과 정책을 실행하는 공무원들이 감성에 영합하는 방향으로 흘러가서 자원을 잘못 사용하고 있어요.

강　대표적인 예로 스포츠토토 수익금의 사용에 많은 문제점이 있는 것 같습니다.

조　맞아요. 스포츠토토의 수익금은 거의 다 프로스포츠를 통해 발생하거든요. 그 수익금을 프로스포츠 경기장 인프라에 우선적으로 투입했다면 스포츠 환경은 지금보다 훨씬 더 좋아졌을 겁니다. 그런데 우선적으로 써야 할 곳에는 돈이 제대로 쓰이지 않았고, 의미 없는 금액으로 쪼개져서 별 효과도 없는 곳으로 흘러갔단 말이에요. 또 개탄스러운 것은 그런 과정에서 중복 지출과 각종 부조리가 만연한다는 것이죠.

강　정말 안타까운 일입니다.

조　긍정적인 이야기도 해 봅시다. 앞서 살펴본 아산시 사례를 다시 이야기하자면, 경찰청 축구단의 유치가 아산 지역의 학원 축구와 조기축구의 활성화를 가져오게 될 겁니다.

강　아산시는 이미 그런 비전을 가지고 움직이고 있던데요.

조　그렇습니까? 다시 한 번 복기왕 시장님의 식견에 감탄하게 되네요. 그런 지방자치단체장이 많이 늘어나야 합니다.

대한민국의 스포츠 행정,
이대로 괜찮은가?

강　수도 서울의 스포츠 행정은 너무나 개탄스럽습니다. 제가 한국야구위원회ᴷᴮᴼ를 떠난 지 오래 되었지만, 아직도 프로야구계에 소식통이 제법 있거든요. 구장 장기임대와 관련된 이야기를 들어보면 한숨만 나옵니다.

조　그것 때문에 히어로즈 단장 시절에 고충이 많았죠. 목동구장 시절에도 그랬고, 고척돔으로 옮긴 이후에도 단기임대 형태로 서울시에서 빌려 쓰고 있거든요. 그러다 보니 식음료 등 팬서비스를 개선하고 싶어도 적극적으로 투자할 수가 없는 상황이었어요. 월셋집에 사는 사람이 자기 돈 들여서 도배장판 새로 하기는 어렵잖아요.

강　히어로즈 경기를 보러 목동구장과 고척돔을 많이 다니면서 마땅히 먹을 것이 없다는 것이 항상 고민거리였습니다. 배가 고픈데도 참았다가 경기 끝나고 밖에서 먹는 경우가 많았죠. 사실 그것은 구조적인 문제인데, 팬들의 불만은 구단으로 향하게 되거든요.

조　평계로 들릴지는 모르겠지만 사실이 그래요. 구단 입장에서는 팬들에게 더 좋은 서비스를 제공하고 싶은데 운신의 폭이 너무 적죠. 장기 운영권을 가지고 있으면 할 수 있는 것들이 정말 많은데 말입니다.

강　제가 한국야구위원회KBO에 있을 때만 해도 기업이 경기장을 소유하거나 장기임대로 사용하는 것이 법적으로 아예 불가능한 상황이었습니다. 1990년대 중반에 LG그룹에서 추진했다가 IMF 사태가 터지면서 백지화된 뚝섬 돔구장 프로젝트 기억나시죠?

조　당연히 기억합니다. 프로구단이 경기장 건설에 나서려 했던 최초의 사례였고, 지금 서울숲이 조성되어 있는 옛 뚝섬경마장 자리에 추진했었죠. 강 작가는 그에 대해 더 알고 있는 것이 있는 것 같은데요?

강　제가 한국야구위원회KBO에 근무할 때 잠시 관여한 적이 있었는데, 답답한 점이 한두 가지가 아니었어요. 당시 돔구장 건설비용이 4천억 원으로 추정되었는데, 일정 기간 LG그룹이 사용한 후 서울시에 기부채납하는 조건이었음에도 불구하고 취득세와 등록세로 2천억 원을 내야 한다는 겁니다.

조　정말 답답한 노릇이네요. 그런 제약만 없었다면 삼성이나 LG는 벌써 오래전에 전용구장을 마련했겠죠.

강　지금은 장기임대와 관련한 법적인 문제가 해결된 것으로 알고 있는데요?

조　정확한 시기는 기억나지 않지만, 박근혜 정부가 들어선 이후니까 삼사 년 전이었습니다. 스포츠산업진흥법이 통과되면서 지방자치단체 소유의 경기장을 프로스포츠 구단에 장기임대를 할 수 있는 법적 근거가 생겼죠. 그런데 당시 야당 소속이었던 박원순 서울시장은 박근혜 정부에서 통과된 법을 시행하고 싶은 생각이 없었던 겁니다.

강　뭔가 복잡한 사연이 있을 줄 알았는데, 단지 반대파 정부에서 통과된 법이라는 이유로 시행하지 않고 있다고요? 정말 어이없고 치졸한 발상입니다. 다른 곳도 아니고 수도 서울에서 그런 일이 벌어지고 있으니 더욱 심각하게 느껴지고요.

조　바로 그거에요. 서울시의 시정市政은 다른 지방자치단체의 벤치마킹benchmarking 대상이 되거든요.

강　히어로즈가 목동구장에서 고척돔으로 이전할 때 구장 운영권을 끈질기게 요구했지만, 결국 서울시설관리공단에 운영권이 넘어갔고 히어로즈는 여전히 단기임대 신세를 벗어나지 못하고 있습니다. 소식통을 통해 알아보니 박원순 서울시장의 선거 캠프 사람들이 서울시설관리공단의 요직을 차지하고 있다더군요.

조　사실과 다르지 않아요.

강　답답한 노릇입니다. 뭐든지 잘할 수 있는 사람한테 맡겨야 하는데, 스포츠에 대한 전문성이라고는 전혀 없는 사람들이 틀어쥐고서 뭘 하겠다는 것인지 모르겠네요. 그 외에도 박원순 서울시장이 부임하면서 서울 연고의 프로야구단이 엄청난 고통을 받게 된 것으로 압니다. 두산 베어스와 LG 트윈스에 주었던 잠실구장의 펜스광고권을 서울시가 싹 회수해버렸잖아요. 두산 베어스와 LG 트윈스에 광고권을 주는 것을 '재벌에 대한 특혜' 정도로 생각했던 모양입니다.

조　그런 것 같아요. '히어로즈는 모기업이 없는 어려운 사정을 봐서 구장 운영권과 광고권을 줘야 하지만 두산과 LG에게는 그럴 필요가 없다'고 생각하는 사람들도 있는데, 그건 완전히 잘못된 시각입니다. 재벌그룹 소속의 구단이든 아니든 지역사회를 위해 축제를 열고 행복과 즐거움을 준다는 점은 똑같거든요. 그 가치를 인정해서 지방자치단체가 축제의 마당을 제공하는 것은 당연한 일인데, 재벌 구단이라고 해서 대상에 포함시키지 않는 것은 부당한 차별입니다.

강　전적으로 공감합니다. 그런 차원을 떠나서도 박원순 시장의 행태는 정말 무개념의 극치를 보여줬어요. 잠실구장 펜스광고의 가치는 프로야구가 열리기 때문에 발생하는 것이고, 그 가치는 두산 베어스와 LG 트윈스가 창출한 것입니다. 물론 백화점이 입점수수료를 받는 것처럼 서울시도 장소 제공에 대한 대가로 광고료 수익의 일정 비율을 요구할 수는 있다고 봅니다. 그런데 광고권을 완전히 회수해간 것은 슈퍼 울트라 갑질이라고 해도 부족한 표현이네요. 요즘 '조물주 위에 건물주'라는 우스갯소리도 있지만, 아무리 악덕 건물주라도 이런 정도의 갑질을 하지는 않거든요. 독자 여러분에게 이렇게 묻고 싶습니다. 건물을 임차하고 각종 원가를 투입해 열심히 장사를 했는데 건물주가 매출액 전부를 싹 가져가버린다면 가만히 계실 건가요? 이런 일이 벌어진다면 칼 들고 덤벼들 사람들도 제법 있겠죠. 대한민국 수도 서울의 수장이라는 중책을 맡은 사람이 이렇게 기본적인 상도의조차 지키지 않는 것은 통탄할 일입니다.

조　너무 흥분해서 지금 강 작가 얼굴이 벌게졌어요. 조금 진정하고 대화를 합시다.

강　흥분이 좀처럼 가라앉질 않네요. 그리고 흥분할 일이 하나 더 남았거든요. 최근에 광주에서 벌어진 일을 보면 한심하기가 이루 말할 수가 없습니다. 마땅히 지방자치단체가 해주어야 할 경기장 건설에 기아자동차가 비용의 상당 부분을 분담했던 것도 사실 잘못된 일이거든요. 그런데 시민단체를 앞세운 것인지 시민단체의 압력에 굴복한 것인지는 모르겠지만 광주시가 제대로 뒤통수를 치고 나왔습니다. 기아 타이거즈에 장기 운영권을 주기로 한 계약을 파기하려고 했던 행태는 정말 가관이었죠.

조　아까 말한 대로 서울시가 다른 지방자치단체의 벤치마킹 대상이 되기 때문에 나온 현상 중의 하나예요. 서울시가 잠실구장 펜스

광고권을 회수하니까 다른 지방자치단체들도 광고권을 회수하려는 움직임을 보인 것이 대표적인 사례입니다. 서울시가 아주 나쁜 전례를 만든 거죠. 그래도 우리에게는 위안거리가 있습니다. 최문순 강원도지사, 복기왕 아산시장과 같이 스포츠의 가치를 제대로 인정하고 도와주려는 분들이 등장하고 있잖아요. 세상은 하루아침에 바뀌지 않습니다. 올바른 생각을 가진 사람들이 차근차근 바꿔나가야죠.

강 강원FC가 꼭 성공해서 최문순 지사님과 조 대표님의 생각이 옳다는 것을 입증해주셔야 합니다. 그래야 박원순 서울시장을 비롯한 무개념한 사람들, 그리고 정치적 목적으로 스포츠를 이용하는 사람들이 대오각성大悟覺醒해서 올바른 길에 동참하도록 만들 수 있습니다. 그래도 각성하지 못하는 사람들이 있다면 유권자들이 심판하게 될 테고요.

조 알겠습니다. 정말 열심히 하겠습니다. 그런데 이건 박원순 시장만 마냥 비난할 수만은 없는 문제라고 봐요. 성장 과정에서 문화와 스포츠를 향유享有한 경험이 없기 때문에 나오는 현상이거든요. 아직도 그런 정치인들이 너무 많아요.

강 무슨 말씀인지 이해가 됩니다. 그런데 방금 흥미로운 사실을 하나 발견했어요. 최문순 강원도지사, 복기왕 아산시장, 박원순 서울시장, 그리고 전에 언급했던 축구단을 정치적으로 이용한 시장, 이 네 인물이 모두 현 여당 소속인 걸요.

5퍼센트 법칙

조 그렇습니까? 그런 면은 의식하지 않고 있었네요. 진영을 나눠서 맹목적으로 추종하거나 비난하는 것은 정말 위험한 일이에요. 어느 정당에 속해 있는가와 상관없이 잘하는 것은 아낌없이 칭찬하고 잘못하는 것은 비판해야 합니다.

제조업의 관점에서
스포츠의 본질을 고찰하다

강 지방자치단체에 대해서 한참 성토를 했는데, 따지고 보면 프로스포츠 구단들에도 많은 문제가 있었습니다.

조 강 작가는 가장 큰 문제가 무엇이라고 생각하나요?

강 본질에 어긋나는 행태를 보였다는 것이죠. 스포츠가 사회에 제공하는 가치에 대해서는 이미 많이 이야기했지만, 프로스포츠는 비즈니스란 말입니다. 따라서 프로스포츠 구단의 본질은 기업이죠.

조 맞아요. 아까 강 작가가 언급했듯이 기업의 본질은 '이윤 추구를 위한 집단'이에요.

강 그런데 한국의 프로스포츠 구단들은 모기업의 홍보 수단에 그치고 있고, 막대한 적자를 보면서 모기업의 지원금에 의존해 생존해 왔죠. 모기업 수뇌부에서는 "돈은 얼마든지 갖다 써도 좋으니 우승만 해라"는 식으로 일관했고요. 어느 프로야구단에 근무했던 저의 지인이 "프로야구단은 재벌 총수의 장난감에 불과하다"고 푸념을 하더군요.

조　부인하기 어려운 현실이에요. 목적과 수단을 혼동하고 지금까지 오다 보니 이러지도 저러지도 못하는 상태에서 어쩔 수 없이 끌고 가게 된 겁니다. 이제 와서 구단을 없앴다가는 자사 제품에 대한 불매운동이라도 일어날까 봐 두려워하는 거죠.

강　본질과 근본 목적이 뭔지를 모르고 왔기 때문에 나온 현상이겠습니다.

조　저의 접근방식은 달라요. 스포츠의 본질이 행복의 가치를 만드는 제조업인데, 매번 지기만 하면 행복을 만들어낼 수 없고 팬들에게 짜증만 불러일으키게 되니까 일정 수준의 승리는 반드시 필요합니다. 그리고 승리하기 위해서는 스타플레이어가 필요하죠. 강원FC가 적극적으로 선수 영입에 나선 것은 승리라는 수단을 통해 더 큰 행복의 가치를 만들어내기 위한 작업이었습니다. 그러다 보면 구단의 가치와 수익도 자연히 늘어나게 되죠. 하지만 수단에 불과한 승리 자체를 목적으로 착각해서는 안 됩니다.

강　팬들도 문제가 있습니다. 자신이 응원하는 팀이 지는 것을 좋야할 사람은 사실 아무도 없는데 문제는 이거죠. 성적이 안 나면 "투자 좀 해라"는 말이 나오는데, 투자라는 말의 개념을 완전히 잘못 알고 쓰는 사람들이 많습니다.

조　투자는 '비싼 선수를 사들여서 이기는 것'이라는 의미가 결코 아닙니다. '가치를 높이기 위해 돈을 투입하는 행위'라고 표현하는 것이 적절하죠. 그리고 투자의 핵심은 어느 곳에 어느 기간 동안 돈을 쓸 것인가로 볼 수 있습니다. 당장 비싼 선수 사다가 당장 이기라는 방식으로 접근해서는 투자의 효율성이 떨어져요. 오랜 기간 동안 강팀으로 남기 위해서는 유소년에 투자하는 것이 1순위고, 투자의 효과는 시간을 두고 기다려야 합니다. 인삼을 예로 들면 6년근이 되어야 상품성을 제대로 가지는데 조급한 마음에 이삼 년 만에 뽑아버리면 가치가 확 떨어지잖아요. 강원FC의 경우 단기적인 성과를 보여줘야 할 절박한 필요성을 무시할 수 없었지만, 향후에는 유소년에 대한 투자로 무게중심을 옮기게 될 것입니다. 축구라는 종목의 특성상 시간을 두고 숙성해서 강팀의 반열에 오르면 쉽사리 떨어지지 않는 면이 있어요.

강　충분히 공감합니다. 그렇다면 조 대표님이 강원FC에서 실행하는 투자의 지침으로는 무엇이 있습니까?

조　적은 돈으로 최대의 효과를 만들어내야죠. 강원FC는 다른 구단들이 400억 원 이상을 써서 얻을 수 있는 효과를 200억 원으로 만들어내고 있습니다. 불과 1년 만에 다른 구단보다 두 배 이상의 투입input 대비 산출output 효과를 만들어내는 제조 공정을 갖춘 셈이에요.

강　가치 창출과 효율성에는 관심이 없고 오로지 승리만을 쫓아 밑 빠진 독에 물 붓기를 하는 세태에 경종을 울리는 것 같습니다. 이제 유사한 주제의 이야기로 넘어가죠. 이웃나라 중국은 엄청난 돈을 쏟아 부으면서 전 세계의 스타플레이어들을 대거 영입하고 있는데, 한국의 K리그는 자꾸 움츠러들면서 해외 리그에 선수를 파는 셀링 리그selling league로 전락하고 있습니다.

조　셀링 리그에 대해 강 작가는 어떻게 생각합니까?

강　나름의 가치와 존재 이유만 있다면 셀링 리그 자체가 전적으로 나쁘다고 생각하지는 않습니다. 유럽의 경우를 보면 영국, 스페인, 이탈리아, 독일 등의 빅 리그가 있고, 네덜란드, 포르투갈, 벨기에 등 유망주를 발굴해서 빅 리그에 수출하는 방식으로 생존하는 리그도 공존하죠. 이전처럼 목적의식 없이 오직 승리만을 위해서 돈을 쏟아 붓던 방식보다는 셀링 리그가 차라리 덜 나쁘다는 생각도 듭니다.

조　명확한 미션을 가지고 나름의 생존방식을 가지는 것은 결코 나쁘지 않습니다. 모든 리그와 구단이 똑같은 방식을 취할 수는 없으니까요. 하지만 전 세계적으로 스포츠 산업이 활성화되고 구단의 가치가 계속 올라가고 있는데, 유독 한국의 K리그만 답답한 틀에 갇혀서 자꾸 퇴보하는 느낌이 든다는 것이 문제죠.

강 한국 프로축구가 그렇게 된 원인이 무엇이라고 보십니까?

조 프로스포츠에서 생산자는 구단, 소비자는 팬, 유통자는 방송사를 비롯한 미디어입니다. 공중파방송과 케이블TV 외에도 다양한 온라인 매체가 등장하면서 유통자의 수는 갈수록 증가하고 있어요. 그렇다면 생산자의 가치도 따라서 증가해야 하는데 지금 한국의 현실은 정반대거든요. 이것은 제조 공정manufacturing process을 뭔가 잘못 관리하고 있기 때문입니다. 과연 소비자가 원하는 상품을 만들고 있는지, 포장이 잘못된 것은 아닌지, 유통경로 관리를 잘못하고 있는 것은 아닌지 등에 대해 전면적인 재검토가 필요한 상황이에요. 흔히 한국 축구가 아시아 최고라고 말하는데, 과연 아시아 최고 수준에서 전달되고 있는지를 원점에서 검토해야 합니다. 지금까지의 관점에서 벗어나 변화하는 것이 절실히 필요하고, 스포츠의 본질이 제조업이기 때문에 제조업의 관점에서 고찰해야 하죠.

강 관점의 변화가 필요하다는 말씀에 공감합니다. 미래의 희망은 어떻게 보십니까?

조 지금의 현실은 답답한 것이 한두 가지가 아닙니다만, 지금부터라도 명확한 방향을 세우고 긴 호흡으로 대처하면 고도성장을 이룰 수 있는 여지는 분명 있다고 봐요. 아직까지도 유학을 가거나 국제적인 비즈니스를 하다 보면 인종과 언어로 인한 장벽을 많이 느끼고, 한국인이 국제사회의 주류가 되기 어려운 한계점이 존재합니다. 그렇지만 축구는 세로 100~110미터, 가로 60~70미터의 사각 경기장 내에서 골을 많이 넣고 적게 먹으면 이기는 단순한 게임이고, 인종과 언어의 장벽이 없이 그냥 잘하면 되거든요. 그렇기 때문에 우리가 충분히 붙어볼 수 있는 영역이고, 고용창출 등 국가에 기여할 수 있는 여지도 많습니다.

강 공감합니다. 실력만 있으면 충분히 싸워볼 수 있는 영역이죠.

조 강 작가도 잘 알겠지만 야구는 시장이 제한적이고 하는 나라의 수도 적잖아요. 반면에 축구는 전 세계가 즐기는 글로벌 스포츠이기 때문에 할 수 있는 일들이 더 많아요. 우리가 축구를 통해 성공사례를 만든다면 이후 세대에게 큰 선물이 될 수 있습니다.

강 도민구단인 강원FC가 대대적인 선수 영입에 나선 것을 보고 의아하게 생각한 사람들이 많습니다. 도·시민구단은 선수단 구성에서 기업구단과 경쟁이 되지 않고, 2부에서 1부로 승격하더라도 강등당하지 않는 것을 목표로 하는 것이 보통이었기 때문이죠. 지방자치단체 예산만 잡아먹는 애물단지로 여겨지는 사례도 많고요. 그런 가운데 강원FC는 독특한 행보를 보였고, 그래서 조 대표님은 돈키호테처럼 여겨지기도 했습니다.

조 기업구단은 선수 영입에 돈을 쏟아 부어도 되고 도·시민구단은 안 된다는 것은 고정관념에 불과합니다. 기업구단과 도·시민구단의 존재 이유에는 근본적인 차이가 있어요. 기업구단은 이윤 창출을 근본적인 미션으로 삼아야 하지만, 도·시민구단이 창출하는 행복의 가치는 사회적 편익이라는 관점에서 보아야 합니다. 가치 창출을 잘할 수만 있다면 도·시민구단이 가치를 만들기 위한 수단을 확충하는 것은 결코 잘못된 일이 아니죠. 그리고 기업구단보다 도·시민구단이 오히려 더 큰 발전 가능성을 가지고 있다고 봅니다. 지방자치단체장들이 이런 것들을 인식하고 지역 주민들을 설득할 수 있어야 하는데, 아직까지는 그런 리더십을 가진 분들이 몇 안 되는 것이 문제예요.

강 그런 와중에 강원FC에 전폭적인 지원을 하고 있는 강원도는 아주 이례적인 경우가 되겠군요.

조 2017년 강원도에서 강원FC에 배정한 예산이 120억 원으로 이전에 비해 크게 늘었는데, 그렇게 되기까지 과정이 쉬웠겠어요? 발로 뛰어다니면서 도의회, 지역 언론 등 강원도 내의 수많은 사람들을 만나서 강원FC가 창출하는 가치에 대해 설득하고 납득시켰죠. 그리고 이것은 혼자만의 노력으로 된 일이 결코 아니었습니다. 최문순 도지사님이 든든한 버팀목 역할을 해주셨기 때문에 가능했어요.

강 향후 스폰서 증가 등을 통해 수익을 늘리면서 자생력을 확보하는 작업도 병행하고 계시죠?

조 그럼요. 신규 직원들을 채용해서 10명 규모의 프런트를 20명으로 늘렸다고 이야기했잖아요. 조직에 활력을 불어넣고 파벌을 해소하는 목적도 있었지만, 사람을 뽑아놓았으면 할 일을 줘야죠. 그래서 새로 뽑은 10명의 직원들을 마케팅에 투입했어요. 그게 바로 후원의 집 프로젝트입니다.

강 후원의 집 프로젝트에 대해서는 신문 기사에서 간략히 봤습니다만, 자세한 내용이 궁금합니다.

조 프로야구는 흥행이 되기 때문에 대기업들의 관심이 많지만, 프로축구는 상대적으로 인기가 낮기 때문에 대기업들이 관심을 잘 보이지 않습니다. 그리고 강원도 지역의 특성상 큰 기업도 별로 없고요. 그렇다면 지역 밀착형 마케팅, 달리 표현하면 골목 마케팅이 반드시 필요하죠. 그래서 직원들이 야쿠르트 아줌마나 화장품 방문판매원이 하는 것처럼 지역 기업들을 찾아다니며 후원의 집을 모집하게 한 겁니다. 1인당 하루 5곳씩 돌면 일주일에 25곳, 1달이면 100곳을 다닐 수 있고, 10명을 투입하면 한 달에 1,000개의 기업을 방문할 수 있어요. 연간 수천 개의 지역 업체를 지속적으로 방문해서 강원FC를 알리는 노력이 쌓이면 저의 후임자에게도 든든한 자산이 될 겁니다.

강 강원FC가 수익 기반을 갖추고 자생력을 갖추는 단계에 진입하려면 어느 정도의 시간이 필요할 것으로 예상하십니까?

조 최소 4년에서 8년까지 걸린다고 각오해야 합니다. 현재로서는 프로축구의 흥행 가치가 프로야구보다 떨어지기 때문에 제가 히어로즈에서 필요로 했던 시간의 두 배는 걸린다고 보는 것이 현실적이에요. 유소년을 육성하듯이 팬과 스폰서 기반도 키워나간다고 생각해야 합니다. 팬의 수는 결코 감소하지 않고 항상 순증純增하고요, 마케팅을 한 만큼 결과가 나옵니다. 이것이 스포츠 산업의 장점 중 하나죠.

평창 알펜시아 구장의 의미와 속사정

강 이제 평창 알펜시아 구장 이야기로 넘어가겠습니다. 스키점프대 아래의 잔디밭을 축구장으로 활용한다는 것은 유례를 찾을 수 없는 획기적인 아이디어였어요. 실제 방문해 보니 주변 경관이 아주 아름답더라고요. 관중 동원 측면에서 불리한 입지라는 지적이 많았음에도 불구하고 평창 알펜시아를 홈구장으로 사용하게 된 동기는 무엇이었습니까?

조 부임한 지 얼마 안 돼서 평창 알펜시아를 방문했는데, 스키점프대를 보고 강한 영감을 받았어요. 착지하는 곳의 잔디밭이 평평했고, 측정을 해보니 축구장이 들어갈 수 있는 사이즈가 딱 나오더라고요. 최문순 도지사님이 알펜시아를 강원도의 양대 애물단지로 꼽으셨다는 이야기 기억나죠?

강 하하하, 그걸 어떻게 잊어버리겠습니까.

조　평창 동계올림픽을 위해 지어놓은 시설을 올림픽 이후에 어떻게 활용해야 할지에 대해 도지사님의 고민이 얼마나 많으시겠어요. 스키점프대 아래의 잔디밭을 축구장으로 활용한다면 국제경기를 위해 건설한 시설의 사후 활용에 대한 대안을 제시할 수 있겠다는 생각이 들었죠.

강　올림픽, 월드컵 등의 국제 이벤트를 개최하여 경기장 시설을 잔뜩 지어놓고는 제대로 활용하지 못하는 사례가 정말 많습니다.

조　대표적으로 2014 월드컵과 2016 리우올림픽을 연달아 개최했던 브라질이 이 문제로 홍역을 앓고 있잖아요. 그런 문제의 해결 방안을 제시하는 것도 강원FC가 사회적 편익을 창출하는 방식 중의 하나입니다.

강　86 서울아시안게임, 88 서울올림픽은 시대적 상황에 잘 맞는 이벤트였다고 생각합니다. 후진국에서 벗어나 선도적 개발도상국의 자리에 오르던 그 시점에서는 국위선양 차원에서 반드시 필요한 일이었죠. 열악했던 스포츠 인프라를 개선하는 계기도 됐고요. 2002 월드컵까지만 해도 그런 목적에서 충분한 가치가 있었다고 봅니다. 그렇지만 2014 인천아시안게임은 왜 했는지 도무지 이해할 수가 없어요. 진짜 분통 터지는 대목은 무의미한 중복투자였죠. 종합운동장 성격인 문학경기장을 두고 외진 청라지구에 아시안게임 주 경기장을 지었고, 얼마 후엔 축구전용구장을 또 짓더군요. 아시안게임 주 경기장이 일 년에 몇 번이나 제대로 쓰일지 두고 볼 겁니다.

평창 알펜시아 축구장 전경

조 올림픽, 월드컵, 아시안게임과 같은 일회성 이벤트보다 상시 이벤트인 프로스포츠의 가치가 더 높다고 제가 역설하는 이유가 바로 그것입니다. 일단 시설물을 지어놨으면 제대로 활용을 해서 사회적 편익을 창출해야 하는데, 그걸 가장 지속적으로 잘할 수 있는 것이 프로스포츠죠. 이런 인식이 빨리 확산됐으면 좋겠어요.

강 아까 조 대표님이 말씀하신 대로 세상은 서서히 바뀔 겁니다. 좋은 선례를 하나 만들어놓으신 걸로 일단 만족해야죠.

조 그런데 평창 알펜시아 구장에는 사람들이 잘 모르는 속사정이 숨어있어요.

강　어디서 얼핏 본 기억은 있습니다만, 자세한 사정을 말씀해 주시죠.

조　강원FC는 강원도 전체를 연고로 하지만 근거지는 강릉에 두고 있습니다. 구단 사무실과 클럽하우스도 강릉에 위치하고 있죠. 그런데도 강릉시는 계속 비협조적인 태도로 일관했어요. 강릉시에는 3부인 내셔널리그에 속해 있는 강릉시청 축구단이 강원FC와 함께 존재하는데, 강릉시청 구단에는 강릉시가 연간 25억 원을 지원하고 있습니다. 그러면서 2부 리그에 있는 강원FC에는 채 1억 원도 안 주었고, 1부로 승격한 이후에도 아무런 변화가 없었죠.

강　그건 너무 심한 처사네요.

조　경기장과 관련해서도 이상한 기류가 흐르더라고요. 그래서 대안 마련 차원에서 알펜시아 축구장을 준비해서 2016년 7월부터 경기를 열게 됐습니다. 만약 알펜시아 구장을 준비하지 않았으면 아주 황당한 상황이 될 뻔했어요.

강　강릉종합운동장을 못 쓰게 된 것 말씀이시죠?

조　맞아요. 2017년 1월에 강릉종합운동장이 평창 동계올림픽 보안시설로 지정됐으니 쓰지 말라고 강릉시에서 최종 통보가 왔어요. 이후에도 강릉시청 축구단은 여전히 강릉종합운동장을 쓰고 있는데 말입니다. 원주는 야간 조명시설이 갖춰지지 않아서 프로축구 경기장으로 쓰기 곤란하고, 만약 그 시점에서 춘천으로 이동했다면 강릉에서 난리가 났을 거예요.

강 영동지방의 중심지인 강릉과 영서지방의 중심지인 춘천 사이의 라이벌 의식 때문인가요?

조 그런 면도 분명 있지만 경제적인 측면이 더 큽니다. 조그맣게 보이는 프로축구단이지만 지역 경제에 미치는 파급효과는 상당하거든요. 강원FC는 그간 현수막 제작, 식음료, 인쇄 등을 모두 강릉에서 조달했는데, 그런 것이 사라지면 강릉시 경제가 타격을 받게 되죠. 아까 프로스포츠는 제조업이라고 했는데, 강원FC가 강릉을 떠나면 진짜 제조업체 하나가 사라지는 것과 같은 현상이 오게 됩니다.

강 대부분의 강릉시민들은 강릉시의 비협조 때문에 이런 사태가 발생한 내막을 알지 못하고 강원FC에 비난을 퍼부었을 것이 틀림없겠네요.

조 그렇기도 하고요, 강원FC가 평창이 아닌 춘천으로 갔다면 최문순 도지사님은 엄청난 정치적 부담을 지게 됐을 겁니다. "왜 멀쩡히 강릉에 있던 것을 춘천으로 빼앗아 갔느냐", "왜 강릉은 미워하고 춘천만 예뻐하느냐" 등등의 비난이 빗발치겠죠.

강 정말 이러지도 저러지도 못할 뻔했습니다. 관중 동원에 불리한 입지인 평창 알펜시아를 왜 홈구장으로 사용하게 됐는지 의아했었는데, 이제야 궁금증이 깨끗이 해소되네요.

조　평창이 관중 동원에 불리하다는 것을 몰랐을 리가 있겠어요? 평창 알펜시아 구장을 미리 준비해두지 않았으면 허공에 붕 떠버릴 수도 있었는데 그걸 면한 것만 해도 정말 다행이죠. 유비무환이라는 진리를 다시 한 번 깨우치는 계기였습니다. 그런데 그걸로 끝이 아니에요.

강　2018 시즌 홈구장 문제 때문에 고심이 많으신 것으로 압니다.

조　강릉시에서 내년 3월 평창 동계올림픽이 끝난 이후에 강릉종합운동장 사용 문제를 논의하자는 공문을 보내왔어요. 강원FC 입장에서는 가을까지 다음 시즌 홈구장 문제를 마무리지어야 하는데, 내년 3월에 다시 이야기하자는 것은 쓰지 말라는 것과 똑같은 말이거든요.

강　차라리 대놓고 쓰지 말라고 하는 것이 낫겠네요. 그래놓고 자기들은 쓰지 말라고 한 적이 없다고 발뺌한 것에는 정말 화가 나더라고요. 이런 상황이 대체 왜 벌어진 겁니까?

조　지방자치단체장은 3선 이상을 할 수 없는데, 최명희 시장은 이미 3선을 해서 더 이상 강릉시장에 출마할 수 없습니다. 그런 이유 때문에 강릉시 현안에 별 관심이 없는 것 같아요. 사람이 진심을 터놓고 이야기를 나누면 해결되지 않을 일이 별로 없는데, 최명희 시장과는 진심 어린 대화를 할 기회조차 가지지 못했어요.

강   제가 알아보니까 최명희 시장은 야당인 보수 정당 소속이더군요. 저의 정치적 성향은 보수이지만, 보수 정당 소속의 인물이라고 해도 비판할 것은 가차없이 해야 한다고 생각합니다. 최명희 시장은 여당 소속인 최문순 도지사가 주도하는 일에 협조하고 싶지도 않고, 도지사가 데려온 강원FC 대표이사 조태룡도 싫고, 조태룡이 언론을 통해 강릉시의 최고 의사결정권자인 자신의 심기를 자꾸 건드린다고 생각하는 것 아닐까요?

조   그런 느낌이 들기는 합니다만 제가 단정짓기는 어렵네요.

강   강릉이 강원도에서 축구 열기가 가장 높은 도시니까, 강원FC가 강릉에 있는 것이 관중 동원 측면에서 유리하잖아요.

조   그렇죠. 아무리 스포츠 산업의 무게중심이 오프라인에서 온라인으로 이동하고 있다고 해도 관중 동원은 여전히 중요한 요소입니다. TV로 관전하는 것은 경기장에서 직접 관람하는 것의 현장감을 따라갈 수 없거든요. 그리고 관중석이 꽉 차야 TV로 시청하는 사람들도 현장의 흥분을 공감할 수 있습니다.

강   전적으로 동의합니다. 그리고 강릉의 축구 열기가 높으면 없던 축구단이라도 유치해 와야 할 텐데, 멀쩡히 있던 구단을 쫓아내는 것은 정말 이해할 수 없습니다. 강원도 전체가 합심해서 강원FC를

춘천 홈경기 협약식. 사진 우측은 최동용 춘천시장

밀어주고 있는데, 강원FC로 인해 행복의 가치를 가장 크게 누리게 될 강릉시가 유독 비협조적으로 나오는 것은 아이러니네요. 시장 한 사람이 싫다는 이유로 시민들이 원하는 것을 막으면 시민들의 행복 추구권을 박탈하는 처사가 될 것입니다.

조   정치인의 가장 중요한 미션은 시민들을 행복하게 만드는 것이 잖아요. 그걸 망각해서는 안 되는데 정말 답답합니다. 축구를 사랑 하는 강릉시민들을 두고 떠나야 한다고 생각하니 가슴이 아파요.

강   강릉시민들이 정말로 축구를 사랑한다면 시민들이 직접 나서 야 할 것 같습니다. 서울시의 다산콜센터와 같이 민의를 수렴하는 창구가 강릉시에도 있을 것이고, 그 외에도 적극적으로 의사 표현을 할 수단이 있을 텐데요.

5퍼센트 법칙

조　제가 그것에 대해 뭐라 더 할 수 있는 말은 없습니다. 결론적으로, 지금 상황에서는 부득이하게 춘천으로 갈 수밖에 없을 것 같아요. 춘천시는 강릉시보다 강원FC에게 훨씬 더 협조적인 자세를 보이고 있고요(이 대화를 나누고 얼마 후 춘천 송암 스포츠타운 주 경기장을 2018 시즌 홈구장으로 사용하기로 결정되었고, 2017 시즌 상위 스플릿 경기도 춘천에서 개최함).

강　또 흥분해서 제 얼굴이 벌겋게 달아오르는 느낌이 듭니다. 이제 다른 주제로 넘어가야 할 것 같네요.

5
퍼센트 법칙

Chapter 8

인생 경영을 위한
'5퍼센트 법칙'

100건의 계약을 성사시키기 위해서는 2,000명의 고객과 접촉해서 1,900번의 거절을 당해야 합니다. 보험왕 조태룡을 만든 것은 타고난 특별한 능력이 아니라 성공 건수의 19배에 해당하는 수많은 거절이었어요. 그것이 바로 5퍼센트 법칙입니다. 스포츠에 뛰어들어서도 수없이 터지고 깨지는 경험을 했고요. 저는 앞으로도 계속 도전할 것입니다. 도전과 실패를 두려워하지 말고 계속 부딪히라고 젊은이들에게 말하고 싶어요.

엉망이 된 2017 시즌 개막전

강   다시 축구 이야기로 넘어가겠습니다. 3월 4일 군 팀인 상주 상무와의 원정경기로 벌어진 2017 시즌 개막전에서 극적인 승리를 거두며 기분 좋게 출발했는데, 그 일주일 후에 벌어진 홈 개막전에서 곤욕을 치르셨잖아요.

조   악몽 같은 일이었어요. 평창 알펜시아 구장을 쓸 수밖에 없었던 사정은 이미 이야기했지만, 스키점프 대회와 훈련 일정 때문에 눈을 일찍 치울 수가 없었고 시즌 개막까지 남은 시간이 너무 촉박하더군요. 눈을 가까스로 치우고 보니까 그 밑에 두꺼운 얼음이 깔려있는 겁니다. 그걸 중장비로 치우면 잔디가 상하니까 사람이 일일이 해머로 깨야만 했어요. 그걸 구단 직원들이 다 맡아서 홈 개막전 직전까지 밤샘작업을 했고, 그러다 보니 정작 손님맞이를 위해 필요한 준비는 전혀 할 수가 없었죠. 게다가 얼음 녹은 물이 흘러내리다가 배수로에 고여서 그 부분의 잔디가 썩는 바람에 고약한 냄새가

풍기게 된 겁니다. 그 와중에 홈 개막전 당일에는 전혀 예상하지 못한 돌발변수까지 겹치더군요.

강 무슨 돌발변수였습니까?

조 정전이 되고 인터넷 회선까지 불통이 돼서 매표소에 난리가 났죠. 여기저기서 사고가 터져 대니까 팬들에 대한 서비스가 엉망이 될 수밖에 없었어요.

강 "경기장 잔디 상태가 엉망이었다", "악취가 진동했다", "주차 안내가 되지 않아 경기장 진입에 시간이 엄청나게 걸렸다" 등등 원성이 자자했던 것으로 압니다. 한동안 조 대표님은 여론의 십자포화를 맞았고요.

조 우리 입장에서 억울한 측면이 없지 않지만, 결과적으로 많은 불편을 겪은 팬들에게 죄송할 따름이죠. 저는 이런 것도 공부하는 과정이라고 생각합니다. 그리고 비난의 화살을 쏘아오면 당당히 맞는 것이 평소 신조에요. 괜히 어설픈 변명을 늘어놓아봤자 하나도 도움이 되지 않고 상대방의 화만 돋우게 되거든요.

강 그 며칠 후 어느 언론매체에서 홈 개막전 사태의 진상에 대해 간략하게 소개한 기사를 냈고, 이 기사를 본 사람들 중 상당수는 조 대표님이 언론플레이를 했다고 생각했습니다. 혹시 그런 기사를 내 달라고 부탁을 하신 적이 있나요?

조 어떻게 된 일인지 사실을 알려달라고 전화가 왔어요. 물어보는데 모른다고 할 수는 없어서 팩트fact를 있는 그대로 알려주기는 했죠. 기사를 써달라고 부탁한 적은 전혀 없고요. 이것을 언론플레이라고 한다면 저도 더 이상 할 말은 없습니다.

결과보다는 과정이 우선

강 다시 축구 이야기로 돌아가 볼까요. 초반 6경기의 대진은 몇 년 만에 1부에 복귀한 팀이 감당하기에는 매우 험난했습니다. 만만치 않은 전력의 상주 상무, 전년도 우승팀 FC서울, 모기업 포스코의 경영난으로 인해 쇠락하고 있기는 하지만 전통의 명가인 포항 스틸러스, 전년도 4위 울산 현대, 자타가 공인하는 절대강자 전북 현대, 전년도 3위 제주 유나이티드의 순서로 상대해야 했죠. 이 6경기 동안 강원FC가 어느 정도의 승점을 올릴 수 있다고 보셨습니까?

조 초반에는 하위권으로 떨어질 가능성이 높다고 본 것이 사실이에요.

강 하하하, 역시 냉철하십니다. 1승 1무 2패로 몰린 상황에서 최강 전북 현대와 맞붙었고, 내용 면에서 예상대로 많이 밀렸는데 잘 버텨내면서 무승부를 거두었죠. 그 다음 주에 열린 제주와의 원정경기에서는 후반 초반에 한 명이 퇴장당하는 불리한 상황을 극복하고 승리를 거두었습니다. 이 두 경기에서는 솔직히 운이 많이 따랐던 것 같아요.

조 그때는 운이 좋았죠. 그런데 그 이후에 비교적 수월한 상대로 보였던 수원(이 당시만 해도 수원은 극심한 부진으로 하위권에 처져 있었음)과 전남에게 2연패를 당했고, 광주와도 무승부에 그치면서 11위까지 떨어지더라고요.

강 저는 솔직히 당황스러웠습니다. 어려운 고비를 잘 넘기고 이제 본격적으로 승점을 쌓을 기회가 왔다고 생각했는데 의외의 암초를 만난 셈이잖아요. 그때 조 대표님의 심정은 어땠습니까?

조 11위까지 떨어졌을 때도 저는 전혀 흔들림이 없었어요. 그 직후 5연승을 해서 상위권으로 치고 올랐을 때도 그런 좋은 상황이 마냥 이어질 것이라 생각하지도 않았습니다. 실제로 한참 좋다가 또 위기가 찾아왔잖아요. 긴 여정을 가다 보면 항상 부침이 있게 마련임을 인식하면 일희일비하지 않을 수 있어요.

강 대단한 평정심입니다. 저는 솔직히 그러기 힘들 것 같아요. 5연승을 하면서 순위가 수직상승했고, 이후 2무 1패로 잠시 쉬어간 후 다시 연승을 달리면서 2위까지 치고 올라갔습니다. 도·시민구단이 시즌 초반도 아니고 중반에 2위까지 오른 것은 전례가 없었죠.

조   연승을 달리게 된 데에는 이유가 있었어요.

강   뭔가 또 작업을 하셨군요.

조   프로야구에서는 얼마 전에 승리수당(속칭 '메리트')이 없어졌고, 승리수당 폐지는 제가 주도했던 일이었습니다. 그런데 축구의 경우 승리수당은 전 세계에 걸쳐 확고히 자리 잡은 관행이고, 없애려고 해서 없앨 수 있는 일이 아니더라고요. 기왕 없앨 방법이 없다면 잘 활용해야죠.

강   어떻게 활용을 하셨습니까?

조   한국 프로축구에서 가장 높은 수준으로 승리수당을 설정했고요, 고참 선수들과의 협의를 거쳐 연승에 대해서는 특히 높은 액수의 수당을 주기로 했습니다.

강   하하하, 또 약발이 먹혔네요. 이제 다른 주제로 넘어가겠습니다. 야심 차게 영입한 간판 스트라이커 정조국 선수가 잦은 부상에 시달려서 제대로 가동되지 못했고, 중앙 수비수와 수비형 미드필더 역할을 잘해주던 발렌티노스가 큰 부상으로 시즌 아웃된 것은 너무나 아쉬웠습니다.

조   아쉬웠죠. 특히 정조국 선수는 화룡점정에 해당했으니까요. 그렇지만 선수들의 부상은 언제든 일어날 수 있는 일입니다.

강　맞습니다. 스포츠 구단이 안고 가는 숙명과도 같은 일이죠.

조　흔히 "주축 선수들의 부상이 없으면 좋은 성적을 낼 수 있다"는 말을 하는데, 주축 선수들이 시즌 내내 부상 없이 활약할 것이라고 기대하는 것은 요행을 바라는 것입니다. 그래서 저는 언제 일어날지 모르는 돌발변수에 대비하기 위해 두텁게 스쿼드squad를 짜려고 노력했어요. 그래도 부족한 점이 느껴졌지만요.

강　농사에 비유하자면 "비가 제때 적당히 와주고 필요할 때 햇볕을 잘 쬐면 수확이 좋을 것이다"라고 생각하지 않고 어지간한 호우와 가뭄까지는 견딜 수 있도록 대비해야 한다고 표현하면 맞겠네요.

조　딱 그거죠. 초강력 태풍이 와서 싹 쓸어버리면 어쩔 수 없는 노릇이지만요. 이제 화제를 조금 바꿔봅시다. 현재 상황에서 강원FC가 아시아 챔피언스 리그ACL에 진출할 확률이 얼마나 된다고 봅니까(이 대화를 진행하던 시점에서 강원FC는 7승 5무 5패 승점 26으로 5위를 달리고 있었음)?

강　많이 봐줘도 40퍼센트 미만일 것 같습니다.

조　40퍼센트요? 냉정하게 보면 20퍼센트 남짓이죠. 그럼 제가 처음 아시아 챔피언스 리그 진출을 목표로 내세웠을 때 사람들은 그 가능성이 얼마나 있다고 봤을까요? 1퍼센트도 안 된다고 봤겠죠.

강 냉정하게 말해서 1퍼센트로 봐주기도 어려웠을 것 같습니다.

조 그렇게 희박했던 가능성을 서서히 올려온 과정이 중요하다고 생각해요.

강 맞습니다. 우리 사회가 너무 결과에만 집착하는 경향이 있죠.

조 처음 시점으로 되돌아가서 생각해 봅시다. 아시아 챔피언스 리그에 진출할 수도 있고, 그건 안 되더라도 현실적인 기준으로 성공이라 할 수 있는 상위 스플릿 진출을 이룰 수도 있고, 하위권으로 떨어지거나 심지어 다시 2부 리그로 추락할 수도 있고, 그중 어떤 일이 벌어질 것인지 알 수 없었단 말이죠. 솔직한 저의 심정은 "아시아 챔피언스 리그 진출이라는 목표를 달성할 수 있느냐 없느냐"라는 이야기를 자꾸 듣는 것이 별로 내키지 않아요. 결과보다는 과정 하나하나를 즐기는 것이 더 중요하고, 그러다 보면 결과는 자연스럽게 따라오는 것이라고 생각하기 때문입니다. "아시아 챔피언스 리그에 진출하지 못하면 어쩌지"라고 애간장만 태우면 아무런 결과를 얻을 수 없어요. 결과에 매달려서 노심초사하며 살면 스트레스를 심하게 받아서 암에 걸려 죽을 수도 있습니다. 저를 봐요. 그렇게 살다가 진짜 암에 걸려서 죽을 뻔했잖아요. 그 이후에는 아무리 힘든 일이 있어도 과정을 즐기자는 쪽으로 인생의 태도가 바뀐 겁니다.

강 결과에 집착하지 말고 과정을 즐기라는 말씀 반드시 명심하겠습니다. 7월에 여름 이적시장이 열리고서 다시 굵직한 선수 영입을

한국영, 제르손, 나니 합동 입단식

성사시켰는데 그에 관한 이야기를 듣고 싶습니다.

조　본격적인 순위 경쟁을 하고 있는 상황에서 타 구단과의 기싸움에서 밀리게 둘 수는 없는 노릇입니다. 강원FC의 예산은 도민들의 돈이니까 아껴서 효율적으로 써야 합니다만, 다른 곳에서는 아껴 써도 선수 구성에 대한 투자는 아끼고 싶지 않아요. 물론 감당 가능한 범위 내에서 말이죠.

강　카타르에서 뛰고 있던 국가대표 수비형 미드필더 한국영 선수의 영입은 다시 한 번 큰 화제를 몰고 왔습니다.

조　시즌 초반 몇 경기를 치른 후 발렌티노스가 수비형 미드필더로 전진 배치되면서 수비의 안정을 이루게 됐어요. 그런데 발렌티노스가 무릎 십자인대 파열로 시즌아웃을 당하면서 수비력이 취약하게 됐죠.

강 그러게 말입니다. 발렌티노스를 수비형 미드필더로 기용한 것은 최윤겸 감독의 전술이 성공한 사례였는데, 부상으로 인해 그 효과가 오래가지 못해서 너무 아쉬웠어요.

조 최종 수비라인 앞에서 상대 공격의 예봉을 차단할 진공청소기 유형의 수비형 미드필더가 아쉬운 상황이 되었어요. 현대 축구에서는 수비형 미드필더의 중요성이 크게 부각되고 있잖아요. 그 자리를 메우기 위해 한국영 선수를 영입한 것이죠. 그리고 중앙 수비수의 보강도 필요하다고 보여서 브라질 출신의 장신 수비수 제르손을 영입했습니다. 무너진 척추를 다시 세우는 작업이라고 할 수 있겠죠.

강 척추의 가장 윗부분인 프랑스 출신 장신 센터포워드 나니 선수의 영입과 관련한 이야기가 남은 것 같습니다. 정조국 선수의 잦은 부상으로 인한 공백을 메우기 위해서 영입한 것입니까?

조 정조국 선수의 공백을 메운다는 것보다는 공격 옵션option을 늘리기 위한 작업이었어요. 기존 선수들 중에는 전북의 김신욱처럼 고공 공격을 할 수 있는 타겟형 스트라이커가 없었거든요.

강 솔직히 나니는 기술적으로 다소 엉성한 모습이 보이더군요.

조 맞아요. 나니는 이제 스물세 살이고 기술적으로 완성된 선수는 결코 아닙니다. 외국인 공격수를 물색하면서 세운 기준은 재매각이 가능한 장신 스트라이커였어요. 재매각이 가능하려면 나이가 어려야 하는데, 어리면서 기술적인 완성도가 높은 장신 스트라이커를 데려오려면 이적료가 정말 만만치가 않거든요. 현실적으로 감당할 수 있는 예산 범위의 선수를 찾으려다 보니 시간이 오래 걸렸죠. 나니를 잘 키우면 좋은 고공폭격기가 될 것이라 봅니다.

강 한국영, 제르손, 나니, 세 선수의 영입은 처음 그린 밑그림을 다시 보강하는 작업이라 볼 수 있겠네요.

조 맞아요. 처음부터 완벽한 그림을 그리는 것은 불가능합니다. 제가 의사결정의 속도를 중시하는 이유는 바로 그거죠. 의사결정의 속도가 늦으면 진행하면서 잘못된 것이 나타나도 수정할 수 있는 시간 여유가 없어요. 반면 신속하게 의사결정을 하면 설령 그 의사결정이 잘못됐더라도 재빠르게 수정할 여지가 있습니다.

강 전적으로 공감합니다. 저 역시 고민은 짧고 굵게 하고 의사결정은 빠르게 해야 한다고 생각하고 실천합니다.

5퍼센트 법칙

비전의 공유, 그리고 운과 실력

조　2017 시즌의 일련의 과정에서 제가 미처 상상하지 못할 정도로 크게 느낀 것이 있었어요.

강　그것이 무엇입니까?

조　비전의 공유가 얼마나 중요한지 절감하게 됐습니다. 제가 1부 승격 직후에 아시아 챔피언스 리그ACL 진출이라는 목표를 내걸었지만, 그 이후에 감독, 선수를 비롯한 그 누구에게도 그와 관련해 교육을 하거나 일언반구 말을 한 적이 전혀 없어요. 그런데 감독과 모든 선수들이 인터뷰를 할 때마다 "우리의 목표는 ACL 진출이다"라고 이구동성으로 말하고 있단 말입니다. 그리고 그 목표를 이루기 위해 알아서 열심히 움직이고 있고요. 명확한 비전과 미션을 공유하면 일을 쉽게 할 수 있다는 것은 알고 있었지만, 우리 구성원들이 그 정도까지 몰입하고 헌신할 것이라고는 예상하지 못했어요. 이것을 보면서 "명확한 비전과 미션을 공유하고 실천하면 안 될 일이 없겠다"는 것을 많이 느끼게 됩니다. 시즌이 모두 끝나면 정확한 평가가 나오겠지만, 아시아 챔피언스 리그 진출이라는 목표가 정말로 이루어질 수 있겠다는 느낌을 받고 있어요.

강　만약 비전의 공유가 이루어지지 않았다면 어떤 현상이 발생했을까요?

조　지금처럼 선수단이 똘똘 뭉치는 것은 불가능했을 것이고, 내분이 일어나 서로 싸울 수 있겠죠. 그리고 가진 실력을 제대로 발휘하지도 못할 테고요. 선수단 구성을 잘해놓고도 팀 분위기를 망쳐서 성적이 안 나오는 사례들이 참 많습니다.

강　국가든 기업이든 리더가 해야 할 일 중에 가장 중요한 것은 비전과 미션을 제시하고 구성원들의 공감대를 형성하는 것이라고 봅니다.

조　맞아요. 여기서는 정치적인 판단을 배제하고 리더십leadership 측면만 이야기해 봅시다. 찢어지게 가난했던 시절에 박정희 대통령은 "잘살아보세"라는 비전을 제시하고 새마을운동을 일으켰고, 국민들은 그 비전에 공감하고 잘살아보겠다는 일념하에 죽기 살기로 열심히 일했습니다. 그 결과가 '한강의 기적'이라고 불리는 경이로운 경제발전이었죠.

강　이제 살짝 다른 이야기로 넘어가도록 하겠습니다. 운과 실력의 상관관계에 대해 조 대표님은 어떻게 생각하십니까?

조　승부에서 운이라는 요소를 결코 무시할 수 없어요. 질 경기를 운이 좋아서 비기거나 이길 수도 있고, 당연히 이겨야 할 경기를 운이 따르지 않아 질 수도 있습니다. 그러나 모수母數, parameter가 많이 쌓이면 결국 평균적인 확률에 수렴하게 되죠. 실력을 갖추는 것은 평균적인 확률을 높이는 작업이라고 할 수 있습니다.

강　충분히 공감합니다. 농구, 배구와 같이 점수가 많이 나는 경기에서는 개별 경기 자체에 모수母數가 충분히 쌓이기 때문에 좀처럼 이변이 일어나지 않지만, 한 골로도 승부가 날 수 있는 축구에서는 운이라는 요소가 상대적으로 크게 작용하면서 이변이 많이 일어나죠. 아무리 일방적으로 밀어붙여도 골대 몇 번 맞추면 이기기 어렵잖아요. 그러나 긴 시즌을 놓고 보면 축구 역시 결국은 실력이 좌우하는 평균적인 확률에 수렴하게 된다는 말씀이네요.

조　그럼요. 개별 경기의 내용과 승패는 다를 수 있지만, 수십 경기를 치르는 시즌 전체를 보면 실력에 따른 평균적인 확률에 수렴되죠. 스쿼드를 잘 짜놓으면 크게 걱정할 것이 없고 일희일비하지 않아도 됩니다.

강　유명한 프로도박사가 쓴 책에 정말 인상적인 대목이 있었는데, 그분은 포커의 고수를 이렇게 정의하더군요. "끗발이 잘 붙는 날 많이 따는 사람이 고수가 아니라, 패가 죽어도 안 뜨는 날에 적게 잃고 일어날 수 있는 사람이 진정한 고수다"라고요.

조　하하하, 정말 정확한 이야기이고 인생살이에도 그대로 적용될 수 있는 교훈이네요. 운이 따르지 않을 때 피해를 최소화하는 것이 인생 경영의 중요한 노하우 중 하나입니다.

강　저희 아버지가 이런 말씀을 자주 하세요. "평생 굴곡 없이 편안하게 사는 사람도 없고, 태어나서 죽을 때까지 내내 고생만 하다 죽는 사람도 없다. 누구나 좋은 때도 나쁜 때도 있게 마련이고, 사람마다 운이 따르는 시기와 운의 크기가 다를 뿐이다."

조 좋은 말씀을 하셨네요. 비슷한 이야기인데, 어느 분야에서든 크게 성공하기 위해서는 실력과 노력에 더해 운이 반드시 따라야 해요. 그러면 강 작가는 성공을 오래도록 유지하는 사람과 그렇지 못하고 곧 몰락하는 사람 사이의 차이점이 무엇이라고 생각하나요?

강 운을 자기의 실력으로 착각하지 않는 사람들이 성공을 오래 유지하는 것 같아요. 그러기 위해서는 교만하지 않은 올바른 마음가짐이 필요할 겁니다. 반면에 일시적으로 따른 운이 자기의 실력인 것처럼 착각하는 사람들은 마냥 좋은 상황이 계속될 것이라 여기기 쉽고, 운이 따르지 않는 시기에 무리하다가 한 방에 골로 가는 거죠.

조 맞아요. 사람은 항상 겸손해야 합니다. 잘됐을 때에는 운이 좋았기 때문이라고 생각하고 잘못되었을 때에는 자신의 실력 부족 탓으로 여기면 큰 실수가 없어요.

절반 이상의 성공을 이루다

강 다시 축구 이야기로 돌아가 보죠. 한국영, 제르손, 나니 세 선수를 보강한 이후에 오히려 성적이 급속히 추락했고, 급기야 최윤겸 감독이 물러나는 지경에 이르렀습니다.

조 그러게요. 2위까지 올랐다가 계속 미끄럼을 타면서 상위 스플릿 커트라인인 6위를 지키기도 어려운 상황이 왔죠.

강 제가 축구를 야구만큼 전문가 수준으로 보지는 못하지만, 40년 가까이 축구를 보았기 때문에 경기의 흐름을 읽어낼 수준은 됩니다. 시즌 중반을 넘어서니까 강원FC의 경기 내용에서 심각한 문제가 눈에 들어오더군요.

조 강 작가의 눈에 보인 문제가 뭐였나요?

강 최윤겸 감독의 전술과 작전이 상대방에게 뻔히 읽히기 시작하고 수싸움에서 밀린다는 느낌이 강하게 들었던 것이죠. 이 부분에 대해서 조 대표님도 공감하실 것 같은데요?

조 이미 떠난 사람에 대해서 왈가왈부하는 것은 예의가 아닌 것 같아서 질문에 대해 답을 하지 않으려고 합니다. 감독 교체와 관련해 강 작가에게 시원하게 이야기하지 못하는 것을 양해해 주었으면 좋겠어요.

강　충분히 이해합니다. 헤어진 이후에 예의를 지키지 못하고 뒤끝이 좋지 못한 모습을 보이는 것은 피해야죠. 그런데, 그 직후에 조 대표님이 "상위 스플릿 진출만 해도 충분한 성공이다"라고 처음으로 공표하신 것을 보고 한참 웃었습니다.

조　상위 스플릿 진출이 현실적인 목표였다는 것을 강 작가는 오래 전부터 잘 알고 있으면서 왜 웃었죠?

강　전후 사정을 잘 모르는 사람들은 "상황이 어려워지니까 조태룡이 한발 빼는구나"라고 생각하기 딱 좋았지만, 저는 아주 심오한 의도가 숨어있음을 읽어냈죠.

조　어떤 의도가 있었을 것이라 봤나요?

강　감독이 물러나고 분위기가 어수선해진 상황에서는 아시아 챔피언스 리그라는 목표를 강조하기보다는 부담감을 덜어주는 것이 더 좋은 동기부여 방법이라고 생각하셨을 겁니다.

조　하하하, 귀신한테 속마음을 들킨 것 같아 소름이 돋으려고 하네요. 그런 상황에서는 선수단이 입은 상처를 어루만져주고 부담감을 덜어주는 것이 올바른 접근법입니다. 일단 안정이 된 후에 "이제 다시 목표를 향해 뛰어보자"라고 해야죠.

강　월드컵 최종예선으로 인한 3주간의 휴식기 동안 신임 감독 선임이 완료될 것이라 예상했는데, 마지막 두 경기를 남기고서야 내부 승진으로 결정되었습니다. 평소 의사결정이 아주 빠른 조 대표님의 성향을 볼 때 이례적인 일이었는데, 그렇게 오랜 시간이 걸린 이유가 무엇이었습니까?

조　저는 충분히 고민하고 검토가 끝난 이후에는 의사결정을 미루지 않을 뿐이지 즉흥적으로 결정하는 스타일이 아닙니다. 감독 선임은 향후 강원FC가 가야 할 방향을 좌우하는 중대한 사안이기 때문에 쉽게 결정할 수가 없었어요. 자세한 이야기는 잠시 미루어두도록 하죠.

강　이제 대화가 거의 끝나 갑니다. 강원FC는 조 대표님이 내심 현실적인 목표로 생각했던 상위 스플릿 진출에 성공했고, 그 과정은 결코 순탄하지 않았습니다. 최종 순위 6위로 마무리되면서 공개적인 목표로 내세웠던 아시아 챔피언스 리그 진출을 이루지 못했는데, 이에 대한 아쉬움은 없습니까?

조　강원FC의 모든 구성원들이 목표를 향해 최선의 노력을 했으니 후회는 없습니다. 이미 설명했지만 현실적으로 가능성이 희박한 목표였고, 상위 스플릿에 진출했으면 실패라고 볼 수는 없잖아요.

강　공감합니다. 2부에서 승격한 팀이, 그리고 도·시민구단으로는 유일하게 상위 스플릿에 진출한 것은 충분히 칭찬받아 마땅하죠. 강원FC 창단 이래 최고의 성적이기도 하고요. 그렇지만 일부 사람들은 공격적으로 선수 영입에 나섰지만 목표를 이루지 못한 것을 실패로 규정하기도 할 겁니다.

조 만약 제가 아시아 챔피언스 리그를 목표로 내세우지 않았다면 어떻게 됐을까요? 곧바로 강등당하거나 간신히 강등을 면하는 결과가 나왔을 겁니다. 도·시민구단이 승점 자판기 노릇을 하면서 잔류에 급급한 구태를 깼고, 강원도에 원대한 비전을 전파해서 일치단결하게 한 것으로 소기의 목적은 충분히 달성했다고 봐요.

강원FC에서의 남은 임무

강 3년 임기로 강원FC 대표이사에 부임하였고, 이제 임기의 절반이 조금 더 지난 상황입니다. 조 대표님의 향후 계획은 무엇입니까?

조 어떻게 될지 아직 모르겠어요. 콘텐츠와 관련된 사업에 대해서는 폭넓은 관심을 가지고 있으니까 여러 가지 가능성을 열어두고 있을 뿐입니다. 내가 어떤 일을 하고 싶다고 해서 되는 것이 아니고 때가 맞아야 하니까요.

강 저도 살아보니까 인생이 어떤 방향으로 흘러갈지 종잡을 수가 없더라고요. 솔직히 지금 글 쓰는 일을 하게 될 줄은 꿈에도 생각을 못했습니다. 강원FC 팬들께서 특히 궁금할 것 같은데, 대표이사직을 연임할 가능성은 얼마나 있겠습니까?

조　그것도 알 수가 없죠. 흘러가는 대로 가면 되는 겁니다.

강　돈을 벌기 위해 사는 인생은 이미 끝났다고 하셨는데, 만약 고액 연봉을 제시하면서 스카우트 제의가 온다면 어떻게 하시겠습니까?

조　제가 먼저 나서서 고액 연봉을 요구할 일은 없을 것이고, 누군가가 저의 몸값에 합당한 대우를 제시하면서 제의해 온다면 그때 가서 수락 여부를 검토해볼 수 있겠죠. 구단의 경영자는 가장 중요한 존재이기 때문에 감독과 선수보다 연봉이 높아야 하고 세계적인 추세도 그렇습니다. 구단 경영자의 연봉이 낮으면 그저 그런 사람들만 와서 그저 그런 구단이 되는 것이고, 연봉이 높아져야 유능한 사람들이 모이게 돼요. 저는 지금 강원FC에서 자원봉사 수준의 연봉을 받고 있지만, 돈에 연연하며 살지 않기로 했기 때문에 개인적으로 불만은 전혀 없어요. 그러나 스포츠 경영자라는 직업이 유능한 후배들이 하고 싶은 일이 되어야 스포츠 산업의 경쟁력이 높아진다는 점은 꼭 강조하고 싶습니다.

강　앞으로 얼마가 될지는 모르겠지만, 강원FC에 재직하는 기간 동안 하실 일은 무엇이 남아있다고 생각하십니까?

조 제가 떠난 이후에도 한국 프로축구에서 강원FC가 위상을 유지할 수 있는 시스템을 구축하는 것이 가장 중요한 임무입니다. 후임자로 평균적인 자질을 갖춘 사람만 와도 계속 잘 돌아갈 수 있게 해야 하죠. 몰상식한 사람이 후임자가 돼서 망쳐놓는다면 제가 어찌할 도리가 없지만요.

강 저의 평소 소신과 너무나도 잘 부합하는 말씀입니다. 강원FC 대표이사 조태룡의 성공 여부는 강원FC를 떠난 이후에 제대로 평가를 받을 수 있을 겁니다. 이제는 감독 선임과 관련한 스토리를 듣고 싶은데요. 한참 뜸을 들이는 것을 보고 거물 감독을 영입할 것이라 예상했는데, 축구계의 주류가 아닌 의외의 인물을 내부 발탁한 것에 적지 않게 놀랐습니다.

조 제가 아시아 챔피언스 리그를 목표로 천명하고 공격적으로 선수 영입에 나서니까 마치 단기 업적에 집착하는 것처럼 인식하는 사람들이 많은 것 같아요. 하지만 그것은 과거의 정체 상태를 깨기 위한 수단일 뿐이었고, 저는 강원FC가 장기적으로 발전하기 위한 방향이 무엇일지를 최우선적으로 고민하고 있습니다. 다음 시즌부터는 아시아 챔피언스 리그나 우승이 아닌 '다른 팀이 쉽게 이길 수 없고 두려워하는 팀'을 만드는 것을 목표로 할 겁니다. 그런 과정을 통해 결과는 자연스럽게 나올 수 있게 해야죠. 감독 선임 역시 장기적 구상의 맥락에서 오랜 시간 고민을 했던 것입니다. 만약 제가 아시아 챔피언스 리그 진출이라는 단기 성과에 집착했다면 서둘러서 스타 감독을 영입했겠죠.

송경섭 신임 감독

강　강원FC가 추구하는 축구의 방향을 정하고 그에 맞는 감독을
찾아나섰다는 것입니까?

조　그렇죠. 먼저 강원FC가 추구해야 할 축구의 색깔을 정립했고,
그것을 잘 실현할 사람을 감독으로 뽑기 위해 많은 후보자들과 인
터뷰를 했습니다. FC 바르셀로나 같은 명문구단들을 보면 감독이
바뀌어도 구단 고유의 축구 색깔이 그대로 유지되잖아요. 그런데 한
국에서는 감독이 바뀌면 팀의 모든 것이 뒤집히는 일이 비일비재합
니다. 저는 감독 개인의 역량과 스타일에 의존하는 한국 축구의 관
행과는 달리 시스템과 집단지성에 의해 구단을 이끌어가는 시도에
착수한 것이에요. 외부에서 스타 감독이나 외국인 감독을 영입할 경

우 단기업적주의에 빠지거나 자기 색깔을 고집하기 쉬워서 구단 운영의 연속성을 유지하기가 힘듭니다. 저는 강원FC가 추구하는 방향을 일관되게 유지하려면 선수뿐만 아니라 지도자 역시 내부에서 육성하는 것이 옳다고 보았고, 구단 사정에 밝은 송경섭 전력강화팀장을 내부 승진시키는 것으로 결론을 냈죠. 이름값에 연연하지 않고 육성을 지향하는 구단의 방향과 부합하는 사람을 발탁했습니다.

강 송경섭 신임 감독의 프로필을 보니까 유소년 육성에 일가견이 있는 것 같습니다.

조 맞아요. 유명 선수 출신은 아니지만 지도자로서 유소년 육성에서 상당한 성과를 냈고, 축구계에서 보기 드물게 탐구하는 자세가 뛰어난 사람입니다.

강 이런 시도를 하려면 구단 대표 입장에서는 엄청난 위험을 감수해야 할 것 같습니다. 보통 성적이 안 나면 감독에게 책임을 돌려 경질하는 것으로 때우는데, 이 경우에는 오롯이 구단 대표의 책임으로 돌아갈 수밖에 없을 테니까요.

조 맞아요. 그렇지만 저 개인적으로 위험이 따르더라도 옳은 방향이라면 과감하게 가야 한다고 생각합니다.

강 수많은 감독 후보자들을 인터뷰하면서 많은 것을 느끼셨을 것 같습니다.

조　한국 축구가 발전하기 위해선 '감독 전문가'의 육성이 시급하다는 것을 뼈저리게 느꼈죠. 야구와 축구 두 종목을 경험해보니까, 의외로 야구보다 축구에서 감독의 역량이 좌우하는 부분이 크더라고요. 지금 한국 축구의 경기력에 위기가 찾아온 원인 중에서 감독의 역량 부족이 가장 큰 비중을 차지한다고 봅니다. 유럽 무대에서 통하는 선수들이 제법 있는데도 대표팀의 경기력이 날로 하락하는 것은 감독이 선수들의 역량을 잘 엮어내지 못하고 있기 때문이죠.

강　하하하, 충분히 공감합니다. 근본적인 원인은 학원 스포츠 시스템의 문제인 것 같아요. 운동선수들이 어려서부터 공부할 기회를 박탈당하고 '운동만 하는 기계'로 키워지니까 체계적인 사고를 익힐 수 없기 때문이라고 봅니다.

조　정확한 지적입니다. 감독으로서 팀을 이끌어가는 데에 필요한 사고체계를 갖춘 사람을 찾기가 너무 힘들고, 대개 선수 시절에 했던 것들을 답습하는 수준에 그치고 있어요. 그리고 선수로서의 능력과 감독으로서의 능력은 별개의 문제인데, 보통 선수 시절에 잘한 사람들을 감독 자리에 앉히거든요. 그렇게 해놓고 성적이 안 나면 감독을 희생양으로 만들고 또 다른 희생양으로 대체하는 악순환이 계속되고 있죠. 악순환의 고리를 끊기 위해서는 일관성 있는 지도자 육성 시스템이 필요한데, 지금 아무도 제대로 된 시도를 하고 있지 않습니다. 앞으로 강원FC는 지도자 육성의 모범사례를 만들기 위해 최선을 다할 것이고, 축구계 전체의 변화를 이끌 자극제가 될 수 있다면 정말 좋겠어요.

프로스포츠 발전을 위한 조태룡의 제언

강   지도자 육성 이외에 한국의 프로스포츠가 발전하기 위해서 조 대표님이 제시하고 싶은 이야기를 듣고 싶습니다.

조   선수 트레이드와 관련한 이야기부터 해보죠. 활발한 트레이드를 통해 구단 간의 전력평준화가 이루어져야 리그가 흥미롭고 건강하게 돌아갈 수 있어요. 그런데 지금 프로축구는 초창기 프로야구처럼 선수 트레이드에 대한 배타성이 심합니다.

강   프로야구 초창기에는 포지션이 중복되어 출전기회를 못 잡는 유망주가 있어도 남 주느니 데리고 썩힌다는 식의 행태가 비일비재했죠. 지금은 서로 필요한 선수들을 활발하게 주고받으면서 리그의 역동성이 높아졌고, 원래 소속팀에서 자리를 잡지 못하던 선수들에게 새로운 기회를 제공하는 순기능도 생겼거든요.

조   그러게요. 히어로즈 창단 초기에 생존을 위해 어쩔 수 없이 주축 선수들을 대거 트레이드했지만, 결과적으로는 프로야구에서 선수 트레이드가 활성화되는 촉매제 역할을 한 셈이죠.

강   하하하, 원래 이유가 어쨌든 긍정적인 효과를 가져왔네요.

조   매년 거의 똑같은 구성의 선수단으로 경기를 하는 것은 결코 좋지 못합니다. 선수 이동이 활발하게 이루어져서 새로움을 제공하는 것은 팬들에게 재미를 주고 흥행에 도움이 되는 요소예요.

강　프로스포츠 발전을 위해 그 다음으로 말씀하시고 싶은 것은 무엇인가요?

조　같은 리그에 속한 구단 간의 동업자 정신이 절실히 필요한데, 아직도 구단 이기주의에서 벗어나지 못하고 있는 것이 안타깝습니다. 대승적인 차원에서 조금 양보하면 서로가 이로울 수 있는데, 구단의 사소한 이익에 집착해서 리그 전체의 발전을 가로막는 사례가 정말 많아요.

강　구단 이기주의의 폐해는 저도 한국야구위원회KBO에 있을 때 많이 겪어봐서 잘 압니다만, 그로부터 20년이 지나서도 별로 달라진 게 없다는 것은 씁쓸하네요. 그리고 발전 방향을 설정하고 실천하는 문제도 시급해 보이는데요.

조　맞아요. 토론과 교육은 제법 이루어지는데, 막상 실질적인 발전 방안은 잘 도출되지 않고 있는 것이 현실입니다. 우리가 왜 공부를 하죠? 미래에 잘 써먹기 위해서 하는 것 아닙니까? 지식은 선택을 위한 수단이지 그 자체가 목적이 아닙니다. 공부만 하고 있지 말고 실천을 해야죠.

강　'지식은 선택을 위한 수단'이라는 말씀이 가슴에 와닿습니다.

이제 스포츠와 관련한 다른 측면을 논의해 보죠. 전에 스포츠 인프라 문제에 정치가 미치는 악영향을 언급했었습니다. 그와 관련해 더 하실 말씀은 없습니까?

조　더 있죠. 지금 스포츠가 더 발전하지 못하는 건 문화와 스포츠의 가치를 향유한 경험이 없는 정치지도자들이 많기 때문입니다. 한마디로 정치인들을 잘못 뽑은 거죠. 문화와 스포츠에 대한 사람들의 니즈needs는 갈수록 강해지는데, 정치인들이 말로는 "문화가 힘이다"라고 외치면서 정작 문화가 뭔지는 모른단 말이에요. 미래에는 문화와 스포츠를 향유하고 그 가치를 이해하는 사람들이 국회의원, 지방자치단체장, 지방의회의원이 되어야 스포츠가 발전할 수 있습니다.

강　전적으로 공감합니다.

조　예전에 미뤄두었던 푸르덴셜생명 시절의 이야기를 여기서 해야 할 것 같아요. 푸르덴셜생명의 모든 회의는 1~2분짜리 동영상 상영으로 시작하는데, 배경음악과 함께 행복한 가정의 모습을 보여줍니다. 그러면서 가족family, 사랑love, 명예honor, 약속promise 등의 단어들이 쭉 펼쳐져요. '가족 사랑의 실천'이라는 보험의 미션을 구성원들에게 계속 주입시키는 것이죠. 이런 것은 한국 기업들에서는 좀처럼 보기 어려운 일이거든요. 푸르덴셜생명이 170년이라는 긴 세월 동안 살아남는 기업이 될 수 있었던 것은 구성원들에게 미션을 계속 주지시켰기 때문이었다고 생각합니다.

강 프로스포츠 발전을 위해서도 미션을 강조하는 것이 중요하다는 말씀을 하고 싶으신 모양입니다.

조 맞아요. 선수와 코칭스태프, 구단 임직원, 리그 사무국, 심판원 등등 프로스포츠의 모든 구성원들은 제각기 수행해야 할 미션이 있어요. 그것을 계속 주지시키기 위한 절차와 도구가 반드시 있어야 한다고 봅니다.

강 예를 들자면, 선수들이 경기에 나서기 전에 "우리의 사명은 팬들에게 좋은 경기를 보여주는 것이다"라는 문구를 낭독하는 의식儀式을 가지면 좋겠네요.

조 그렇죠. 바로 그런 것들이 필요합니다.

평생 한 가지 일을 하면서
'갑'으로 사는 게 꿈인가?

강 이제 오랜 시간에 걸친 대화가 마무리되는 단계에 온 것 같은데, 독자들에게 더 하고 싶은 이야기는 무엇입니까?

조 앞으로는 진짜 100세 넘게 사는 시대가 옵니다. 예전처럼 60세나 65세까지 일하다가 15년에서 20년 남짓 은퇴생활을 하는 시대는 끝나게 되죠. 은퇴 후 40년 이상을 일하지 않고 사는 것이 가능할까요? 대부분의 사람들은 그렇지 못할 겁니다.

강 맞습니다. 사고나 병으로 일찍 죽는 사람들이 평균을 깎아먹기 때문에 평균수명 100세를 넘기기는 쉽지 않겠지만, 100세 넘게 사는 것이 결코 희귀한 일이 아니게 될 겁니다. 그리고 지금까지의 노년 은퇴생활과는 양상이 많이 달라지겠죠.

조 100세 시대에 살아남으려면 지금까지와는 다른 접근법이 필요합니다. 제가 젊은이들에게 강조하는 것은 이거예요. 예전처럼 평생토록 하나의 직업을 유지할 수 있는 시대는 이미 끝났고, 앞으로는 생애 전반에 걸쳐 최소 5개에서 10개 이상의 직업을 가져야 합니다. 저의 경우 강원FC 대표이사가 여섯 번째 직업, 첫 직장에서도 두 가지 성격의 일을 했으니까 사실상 일곱 번째 직업이라고 할 수 있죠. 앞으로 몇 개의 직업을 더 갖게 될지는 알 수 없지만, 죽기 전까지 10개 이상의 직업을 갖게 될 것은 거의 확실해 보입니다.

강 전적으로 공감합니다. 저는 작가가 네 번째 직업이고, 얼마 전 다섯 번째 직업에 뛰어들었습니다. 물론 작가로서의 일은 계속 병행하게 될 것이지만요. 그렇다면 여러 개의 직업을 갖기 위해서 필요한 준비는 무엇이라고 생각하십니까?

조 근원적인 이야기부터 해야 할 것 같네요. 시중에는 '○○을 하기 위해 필요한 △△가지'라는 식으로 목록을 정리한 지침서들이 많습니다. 저는 그런 책을 너무 싫어해요. 방금 강 작가의 질문에 대해서 저는 "우리가 왜 사는지, 그리고 우리 인생의 미션은 무엇인지"부터 먼저 생각해야 한다는 답을 하고 싶습니다. 인생의 미션이 정립되면 그것을 어떻게 이루어야 할지에 대한 고민이 따르고, 그러면 구체적으로 무엇을 해야 할지에 대한 답이 자연스럽게 나오죠. 왜 사는지에 대한 고민도 없이 무엇을 해야 하냐는 질문부터 하는 것은 적절하지 못하고, 'Why → How → What'의 순서로 생각해야 합니다.

강　망치로 뒤통수를 제대로 맞은 느낌이 듭니다. 지금껏 살면서 미처 생각하지 못한 중요한 것을 배웠습니다.

조　이제는 목록화된 지식 습득은 의미가 없어졌고, 관심 분야를 지속적으로 파고들다 보면 인접 지식이 열리게 됩니다. 다양한 지식세계를 즐겁게 탐구하면 그것을 통해 행복을 얻고 자아의 발전을 이루게 되는 것이죠. 그리고 그런 과정을 거치며 어느 분야의 전문가가 되고 새롭게 할 일이 생기게 됩니다. '○○을 하기 위해서는 △△을 해야 한다'는 식으로 접근하면 인생이 불행해져요.

강　100세 시대와 관련해 독자들에게 더 하고 싶은 말씀은 또 무엇이 있을까요?

조　취업난이 심해서 나오는 현상이라는 점에서 이해가 되는 측면도 있지만, 평생토록 한 가지 일을 하면서 '갑'의 입장에서 사는 것이 젊은이들의 꿈이 되는 세태는 심각한 문제라고 봅니다.

강 전적으로 공감합니다. 저 역시 젊어서부터 '갑'의 입장에서 사는 것은 결코 권하고 싶지 않아요. 평생을 철저한 '을'의 입장에서 사는 것은 피곤한 일이지만, 열심히 하면 무시할 수 없는 '을'이 될 수 있거든요. 최소한 젊었을 때에는 '을'의 입장을 겪어봐야 남의 처지를 이해하는 사람이 될 수 있다고 생각합니다.

조 맞아요. 시대가 바뀌어 열린 세상이 되면서 배려의 중요성이 부각되고 있는데, '갑'의 입장에서만 살아온 사람들은 배려를 할 줄 모르죠. 그리고 '을'의 입장에서 제대로 살았을 때 진정한 '갑'이 될 수 있습니다. 어느 것이 정말 가치 있는 일인지를 다 같이 생각해 보았으면 좋겠어요.

1,900번 실패해야
100번의 성공이 찾아온다

강 독자들에게 더 하고 싶은 말씀은 없습니까?

조 제가 보험업계에 있던 때의 이야기로 잠시 돌아가죠. 사람들의 눈에는 제가 이룬 성과만 보였겠지만, 그 저변에는 성공 사례보다 훨씬 더 많은 실패와 좌절이 있었어요. 전에 5퍼센트 법칙을 이야기 했잖아요.

강   잘 기억하고 있습니다.

조   100건의 계약을 성사시키기 위해서는 2,000명의 고객과 접촉해서 1,900번의 거절을 당해야 합니다. 보험왕 조태룡을 만든 것은 타고난 특별한 능력이 아니라 성공 건수의 19배에 해당하는 수많은 거절이었어요. 이미 다 이야기했지만 스포츠에 뛰어들어서도 수없이 터지고 깨지는 경험을 했고요. 저는 앞으로도 계속 도전할 것입니다. 도전과 실패를 두려워하지 말고 계속 부딪히라고 젊은이들에게 말하고 싶어요.

강   요즘 젊은이들은 도전하고 노력하라는 말을 들으면 거의 두드러기 반응을 일으킵니다. '노오오오력'이라고 비꼬아서 이야기하죠.

조   요즘 젊은이들이 겪는 어려움을 모르는 바 아니고, 잘못된 사회 구조를 바꾸어나가는 것은 반드시 필요합니다. 그러나 사회 탓을 해서는 개인적인 차원에서 발전이 없어요. 이 책은 사회 구조에 대한 거창한 담론을 논하는 것이 아니니, 독자들 개개인에게 도움이 될 수 있는 이야기를 우선적으로 하는 것이 맞습니다.

강   저는 사회 담론 성격의 책을 이미 써봤고, 거시적인 차원의 개선 노력도 반드시 필요하다고 생각합니다. 그렇지만 개개인의 도전 정신이 더해져야만 사회가 발전할 수 있겠죠.

조　혹시 오해가 있을까봐 덧붙이는데, "무조건 하면 된다"는 식으로 달려들라는 이야기가 결코 아닙니다. 최선을 다해도 안 될 수 있다는 사실을 인식하고, 정 안 되면 결과를 겸허하게 받아들이고 또 노력하면 되는 거예요.

강　적극 공감합니다. 자신감을 가지고 하면 다 된다는 식으로 덤비는 것은 도전정신이 아니라 무모함에 불과하죠. 한때 음료업계의 전설이었다가 비참한 상태에 빠져서 얼마 전 극단적 선택을 했던 사람이 바로 그런 경우였던 것 같아요. 너무 안타까운 일이었습니다.

조　마지막으로 하나만 더 이야기할게요. 뇌의 영역은 논리, 수리, 언어, 음악, 미술, 공간지각능력으로 나뉩니다. 여섯 가지 영역이 모두 뛰어난 사람은 아무도 없고, 누구든 한두 가지는 뛰어난 점을 가지고 있어요. 자기가 잘할 수 없는 것을 억지로 하려고 애쓸 필요는 없다고 봐요. 미술 영역이 약한 사람이 왜 미대를 가려고 고생을 하나요? 축구 이야기를 하면서도 강점에 집중해야 한다고 말했잖아요. 자기가 잘할 수 있게 타고난 능력을 잘 끌어내면 되는 겁니다.

강　바쁘신 가운데 긴 시간 내주셔서 감사합니다. 정말 유익하고 즐거운 시간이었습니다.

조 대화 나누면서 서로 많은 것을 공유하고 배울 수 있어서 저도 즐거웠어요. 강 작가도 긴 시간 동안 수고 많았습니다.

저와 조태룡 대표의 인연은 약 4년 전으로 거슬러 올라갑니다. 당시 조태룡 대표는 서울히어로즈 프로야구단의 단장으로 재직 중이었고, 저는 작가로서 걸음마를 시작하고 있었습니다. 저희 두 사람은 많은 면에서 공통분모를 가지고 있음을 확인했고, 곧 호형호제하는 사이로 발전했습니다.

앞서 작가로서 저의 능력을 인정해서 집필 파트너로 결정했다고 조태룡 대표가 말했지만, 저 역시 친한 형님의 이야기이기 때문에 이 책을 함께 쓴 것은 결코 아닙니다. 제가 어떤 책을 쓸 것인가 말 것인가를 결정하는 원칙에는 두 가지가 있습니다. 첫째는 "다른 사람들보다 잘 쓸 수 있을 것인가"이고, 둘째는 "독자들, 더 나아가 우리 사회에 도움이 되는 책인가"입니다. 이 두 가지 원칙에 부합된다고 확신했기 때문에 저는 주저 없이 이 책을 만드는 작업에 참여하게 되었습니다.

본격적인 집필에 앞서 저희 두 사람은 어떤 방식으로 이야기를 풀어내야 할지 고민에 고민을 거듭했습니다. 처음에는 1인칭 시점으로 서술하는 것과 3인칭 관찰자 시점으로 풀어내는 것을 놓고 저울질했지만, 고민하던 과정에서 조태룡 대표는 '소통의 가치'를 강조했습니다. 지독한 불통으로 일관하다가 나락으로 떨어진 지도자의 말로를 우리는 너무나도 똑똑히 보았고, 저는 조 대표가 제시한 소통의 가치에 대해 동의하지 않을 수 없었습니다. 결국 대담 형식을 통해 독자들을 대신하여 제가 조 대표와 소통하는 것이 최선의 방법일 것 같다는 결론에 이르게 된 것이지요.

이 책은 저의 이름을 걸고 출판된 세 번째 작품입니다. 첫 번째 작품인 『싱가포르에 길을 묻다』에서는 사실을 저 나름대로 해석하고 의견을 더하는 방식을 사용했고, 두 번째 작품인 『싱가포르역사 다이제스트 100』은 역사적 사실을 최대한 객관적으로 서술한 책이었습니다. 두 책 모두 나름의 소통이 없었다고는 할 수 없지만, 독자들과 적극적으로 소통하기보다는 사실과 의견을 전달하는 데에 그쳤던 것이 사실입니다. 그랬기 때문에 능동적인 쌍방향 소통을 위해 대담 형식을 채택한 것은 저에게 새로운 도전이었고, 과연 잘할 수 있을지 걱정되고 겁이 나기도 했습니다. 그러나 막상 부딪혀보니 걱정했던 것과는 달리 비교적 쉽게 전개가 되었습니다.

세상에 쉬운 일이 어디 있겠습니까만, 책을 쓰는 일은 산고産苦에 비할 수 있을 정도로 고통스러운 작업입니다. '내가 이러다가 죽을 수도 있겠구나'라고 느끼는 고비를 몇 번이나 넘겨야 한 권의 책이 나올 수 있지요. 하지만 이 책만큼은 고통보다 즐거움이 훨씬 더 많았던 작업이었습니다. 조 대표와 인터뷰를 진행하면서 "어떻게 이 사람은 이런 발상을 할 수 있을까"라고 깜짝 놀랄 때가 한두 번이 아니었고, 인생을 어떻게 살아야 하는지에 대해 많은 것을 생각하게 되었습니다. 이 책을 만드는 과정은 사고의 지평을 한층 넓히는 계기였고, 앞으로 남은 저의 인생에 일대 전환점이 될 것이라는 느낌이 강하게 옵니다.

조태룡 대표는 함께 있는 사람을 유쾌하게 만드는 거침없는 달변가입니다. 만약 나쁜 마음을 먹는다면 사기도 누구보다 잘 칠 수 있을 것 같습니다만, 오랜 시간 동안 지켜보니 정말 맑은 심성을 가진 사람입니다. 그리고 제가 가장 싫어하는 유형, 즉 아무런 알맹이도 없이 말만 번드르르하게 늘어놓는 사람이 결코 아닙니다. 의사결정과 행동이 빠르기 때문에 그를 잘 모르는 사람들의 눈에는 돈키호테처럼 보일 수 있으나, 사실은 체계적인 사고를 바탕으로 치밀한 계획을 세우고 움직입니다. 그리고 너무 과로한다는 느낌이 들 정도로 바쁘게 일을 하면서도 항상 에너지가 넘치고 밝은 모습을 보입니다. 그것은 결과에 연연하지 않고 과정 자체를 즐기면서 일하기 때문일 것입니다.

조태룡이라는 사람의 가장 중요한 점은 도전정신입니다. 그가 이룬 성과는 타고난 능력만으로 가능했던 것이 아니라 끊임없이 도전하고 좌절하는 과정을 거쳤기 때문입니다. 조태룡 대표는 능력자의 무용담으로 비춰지는 것을 극도로 경계했고, 좀처럼 드러내기 싫을 개인적인 치부耻部와 인간적인 고뇌까지도 솔직히 털어놓았습니다.

이 책은 일견 가벼운 대화로 보일 수 있지만, 스포츠를 배경으로 하여 인생의 가치에 대한 묵직한 메시지를 많이 담아냈다고 자부합니다. 그리고 절망과 낙담이 퍼져있는 대한민국 사회에 진정한 희망의 메시지를 던지고 있습니다.

독자 여러분! 이제부터 조태룡과 함께 스포츠의 세계, 행복의 세계로 빠져들어 보시겠습니까? 깨지고 터지더라도 함께 도전해보지 않으시렵니까?

2018년 1월

강승문 드림

참고문헌

레이 갤러거, 유정식 옮김, 『에어비앤비 스토리』, 다산북스, 2017

시오노 나나미, 『로마인 이야기 1~15』, 한길사, 1995~2007

법륜 · 오연호, 『새로운 100년』, 오마이북, 2012

짐 콜린스, 이무열 옮김, 『좋은 기업을 넘어 위대한 기업으로』, 김영사, 2002

이창우, 『다시 이병철에게 배워라』, 서울문화사, 2003

김정운, 『에디톨로지』, 21세기북스, 2014

월터 아이작슨, 안진환 옮김, 『스티브 잡스』, 민음사, 2015

이윤희, 『포커, 알면 이길 수 있다!』, 도서출판 여백, 1996

5퍼센트 법칙

초판 1쇄 발행 2018년 1월 19일

지은이 조태룡, 강승문
펴낸이 최용범

편집 이우형, 김정주
디자인 신정난
영업 손기주
경영지원 강은선

펴낸곳 페이퍼로드
출판등록 제10-2427호(2002년 8월 7일)
주소 서울시 마포구 연남로3길 72 2층
이메일 book@paperroad.net
홈페이지 http://paperroad.net
블로그 blog.naver.com/paperoad
페이스북 www.facebook.com/paperroadbook
전화 (02)326-0328
팩스 (02)335-0334
ISBN 979-11-86256-98-5 (03320)